지조와 소신의 명쾌한 대변인
유종필의 아름다운 선택

지 조 와 소 신 의 명 쾌 한 대 변 인

유종필의 아름다운 선택

유종필 지음

이코_북
Eco. Book

지조와 소신의 명쾌한 대변인

유종필의 아름다운 선택

초판 1쇄 인쇄   2007년 1월 18일
초판 1쇄 발행   2007년 1월 29일

지은이 유종필
펴낸이 박종홍
기획·편집 박윤희
펴낸곳 이코북

주소 서울시 마포구 동교동 153-18 2층
전화 02)335-6936
팩스 02)335-0550
E-메일 ecobook@paran.com

ISBN 978-89-90856-21-0 03320

새로운 미래의 모티브가 되기를

유종필 대변인, 내가 그를 처음 만난 것은 그가 〈한겨레신문〉 기자일 때이니, 그동안의 세월이 15년은 더 지났을 듯 싶다. 이후 간혹 직접 만나기도 했고, 한국 정치 현실에 대한 문제의식을 알게 모르게 공유해 왔다. 특히나 분당과 탄핵정국을 거치면서 형성된 한국 정치와 민주당의 비극적 상황 앞에서는 현실 인식을 같이하는 동지였는지 모른다. 물론 현장의 정치인으로서, 당의 대변인으로서 활동해 온 그가 마주했던 한국 정치와 민주당의 현실은 우리같은 학자와 다르게 말 그대로 치열한 정치 현장일 수밖에 없었을 것이다.

결국 원내 9석의 정당으로 추락했지만, '사즉생(死卽生)'의 각오로 민주당을 구하기 위해' 갑옷을 입고 '계백장군'으로 나섰던 17대 총선의 '민주당' 유종필을 나는 기억한다. "체감온도 영하 20도 이하의 매서운 칼바람 속에서 식민지의 백성처럼 아무도 없는 한강 둔치를 거닐면서 찬란한 봄을 꿈꾸었다."는 2004년 12월 말의 글은 더욱 잊을 수 없다. 그는 '찬란한 꿈'이라고 했지만, 희망이 쉽게 보이지 않는 '황망한 현실'이 한켠에 자리하고 있었을 터이다. 그러나 이제 2007년의 시작과 함께 2004년 겨울 칼바람 추위 속에서 그가 꿈꾸었던 봄을 맞는 작업이 본격화되고 있다.

이 책은 민주당이 17대 총선에서 군소정당으로 추락한 이후 다시 정계 개편의 한 축으로 등장하고 있는 오늘에 이르기까지 지난 3년의 민주당 역사를 담고 있다. 민주당으로부터 분당해 창당했던 열린우리당의 성공에 대한 기대는 민주당의 소멸을 전제로 한 것이었다. 유종필 대변인은 집권 세력이 끊임없이 시도해 온 민주당 소멸 전략의 부당성을 폭로하고 지지 세력과 국민에게 민주당의 존재 이유를 설파해야 하는 최전선에 있었다.

탄핵정국의 17대 총선에서 열린우리당의 창당 전략은 성공한 것처럼 보였다. 그러나 이후 곧바로 추락하기 시작하여 3년도 못돼 해체 직전에 놓여 있다. 탄핵정국의 거품도 있었지만, 민주당이 존재하는 한 잘못된 창당 초심의 열린당은 한계를 가질 수밖에 없었다. 그래서 열린당은 민주당의 소멸을 끝없이 시도했다. 유종필 대변인은 열린당을 '스토커'에 비유하는 촌철살인의 비판 논평을 냈고, "침몰하는 타이타닉에 올라탈 멍청이가 어디 있겠는가?"라면서 통합을 빙자한 소멸 전략을 폭로했다.

열린당 창당 목표의 또 다른 한 축은 영남 지역의 정치 세력 기반 확보에 있었다고 하겠다. 민주당 소멸을 통한 확대 통합 전략이 실패하자 영남 정치 세력화 전략의 극단적인 형태로 나타난 것이 2005년 7월의 '대연정' 제안이었다. 결국 민주당 소멸 전략, 대연정 모두 실패하면서 이제 스스로 해체 직전에 있다.

카(E. H. Carr)가 '역사는 과거와 현재와의 끊임없는 대화'라고 했던가? 이 책에 포함된 통합론의 허구성이나 대연정론의 문제점은 당시 상황에 대한 기록일 뿐만 아니라, 오늘의 정계 개편과 통합 논란에서도 참고할 만한 자료이다.

이 책에서 소개되고 있는 지역 구도와 관련된 논평 및 칼럼 내용은 오늘의 시점에서 보다 직접적인 참고 자료로 삼을 만하다. 최근 정계 개편 논란 과정에서 노 대통령이 민주당을 비판하면서 제기하고 있는 '지역당', '호남당', '도로 민주당' 등과 관련된 비판의 논거들을 함께 생각해 볼 수 있을 것이다. 4장 노무현과 유종필 관련 글이나, 그의 광주시당 위원장 활동 과정에 대한 글도 유 대변인 개인의 정치 역정이나 포부와 관련해 흥미 있는 내용을 담고 있다.

이 책은 '왜 민주당의 정통성을 중심에 놓아야 하는가' 라는 글로 마무리 하고 있다. 책을 출간하면서 쓴 글로 보인다. 분당 과 17대 총선을 거치면서 생존의 기로에 섰던 민주당이 그동안 생존에 성공했다면, 이제는 정계 개편 국면과 함께 또 다른 기로에 서 있다. '노무현 정권의 과오' 에서 자유로운 민주 평화 세력의 정통이 민주당에 있으며, 민주당의 정통이 새로운 대안 세력의 중심이 되어야 한다는 점을 유 대변인은 강조하고 있다. 전적으로 동의한다. 그러나 이런 당위적 기대를 현실화시키기 위해서는 비상한 노력과 헌신이 필요할 것이다.

이 책에 포함된 유 대변인의 논평들이 주로 민주당에 대한 외부의 공세에 반박하고 민주당의 존재 이유를 설파하고 있다면, 민주당 스스로의 과제는 책의 마무리와 함께 새로운 과제로 남아 있는 셈이다. 자신들을 대변할 정치 세력이 무너져, 권력자와 패권 세력이 '잔인한 선택'을 강요하는 그런 상황을 다시 만들어서는 안 될 것이다. 이 책이 지난 몇 년의 민주당 역사를 기억하게 하고, 새로운 미래를 모색하는 모티브가 되길 기원한다.

김만흠(한국정치아카데미 원장, 전 국가인권위원회 인권위원)

정통성이 생명이다

국회 교섭단체도 못되는 소수당의 대변인은 언론에서 대변인 대접을 받지 못 한다. 17대 총선 직후 민주당이 그랬다. 지난 1996년 15대 국회 때 세칭 '꼬마 민주당'은 국회의석 15석의 제3당이었는데도 '꼬마 민주당'이라고 불리다가 흔적도 없이 사라졌다. 17대 총선 직후 민주당은 국회의석 9석인 제4당에 불과했으니 의석수만으로는 '꼬마 민주당'도 못 되었다. 2004년 말 내가 대변인으로 복귀했을 때 참으로 막막한 생각이 들었다. 찾아오는 기자도 없거니와 당에 뉴스거리도 없었다. 당의 형편상 기자실도 없었고, 기자가 없으니 기자실이 필요도 없었다.

기자들 사이에서 '민주당과 관련해 특종이나 낙종할 일은 열린우리당에 합병되는 것 뿐'이라는 말이 공공연하게 나돌 정도였다. 그러니 당에 무슨 일이 있어서 매스컴을 한 번 타보기 위해서는 행상처럼 이 기자 저 기자 찾아다니며 부탁하는 수밖에 다른 방법이 없었다. 말이 좋아 대변인이지 '뉴스 행상'이나 비슷한 처지였다.

그런 민주당이 2년여 만인 2006년 5.31 지방선거에서 광주 전남의 압승과 전북의 선전으로 재건의 확고한 토대를 놓은 것은 경이로운 일이라고 해도 과언이 아니다. 여세를 몰아 7.26 재보선 서울 성북에서 탄핵 주역 조순형 전 대표의 당선이라는 감격을 맛보았다. 상상하지도 못했던 큰 변화가 아닐 수 없다.

이 책은 17대 총선 이후 민주당을 지키고 살리기 위한 민주당원들과 대변인실의 사투의 기록이다. '야당은 대표와 대변인만 있어도 굴러 간다.'는, 매우 과장된 말이 있을 정도로 대변인의 역할은 막중하다. 따라서 이 책은 개인의 기록에 그치지 않고, 민주당의 존망이 걸린 격동의 시절 민주당을 보듬고 몸부림쳤던 대변인의 눈을 통한 민주당의 기록이기도 하다. 이 책을 엮어보기로 한 동기 중에는 그 시절의 생생한 증인이자 기록자임을 감히 자임하는 뜻도 담겨 있다.

책을 엮으면서 지난 시절 내 입으로 토해낸 수많은 논평과 국회 기자실에서의 브리핑, 각종 매체의 인터뷰와 방송 대담, 기고문을 다시 꺼내 훑어보았다. 당시 순간순간 만들어낸 것들이지만 나로서는 나의 모든 것 – 나의 경험과 지식, 인격과 개성,

직관과 상상, 의지와 오기, 정치관과 인생관—을 총 투여하여 만들어낸 분신과도 같은 것들이다. 그 시절 격동의 정치 정세와 소수정당 민주당의 움직임이 파노라마처럼 스쳐갔다. 살기 위한 필사의 몸부림이었다. 나 개인적으로는 지독한 고독을 물리치기 위한 외침이기도 했다. 가진 것이라고는 입 밖에 없던 시절이었다. 만감이 교차했다.

대변인은 당의 입이자 얼굴이다. 당헌상 대표의 직속기관이다. 당의 입장에서 말하고 행동하고 대표의 방침에 따라 일한다. 그렇다고 모든 것을 일일이 대표의 재가를 받거나 지시를 받을 수는 없다. 오로지 민주당의 강령과 이념, 이 시대 민주당의 소명, 불특정 다수 당원과 지지자들의 원망(願望)을 지침으로 삼아서 대변인직을 수행했다. 대부분의 경우 스스로 알아서 코멘트를 했지만 문제가 된 적은 거의 없다.

대변인을 하면서 대표를 네 분째 보좌하고 있다. 2003년 9월 분당 직후 박상천 대표님, 곧바로 11월 전당대회 후 조순형 대표님, 17대 총선 후 최근까지 한화갑 대표님, 그리고 현 장상 대표님. 나는 네 분 모두에게 진심으로 감사하는 마음과 존경심을 갖고 있다. 박 대표님은 딱 부러지는 논리와 의지로 분당 때 민주당의 정통성을 지켜주시고 사심 없이 당권을 넘긴 분이다. 조 대표님은 '미스터 쓴소리' 애칭답게 늘 추상같은 곧은 소리로 존경을 받는 분이다. 장 대표님은 남자보다 더 통 크고 넉넉한 여장부로서 부드러운 카리스마의 소유자이다. 각기 개성은 달라도 모두 믿고 맡겨주신 점은 공통점이다. 대변인은 대표와 상호 신뢰가 없이는 아무 일도 할 수 없다. 믿어주어야 마음 놓고 창의적으로 일할 수 있다. 그런 면에서 나는 행복한 대변인이라고 생각한다.

이 책 탈고를 목전에 둔 시점에 한화갑 대표님에 대한 부당한 법원 판결이 나왔다. 곧바로 백의종군을 선언했다. 떠내려가는 민주당 간판을 붙들고 당 재건의 기틀을 마련해주신 분인데, 정말 안타까운 일이다. 그는 판결 일주일 전에 이미 다음과 같은 비장한 말을 남겼다.

"법원의 판결로 나의 정치 생명이 끊어지더라도 민주당을 지키고 살려내는 길을 끝까지 가겠다. 김대중 전 대통령의 사상과 철학을 계승 발전시킬 민주당을 국민 속에 뿌리내리게 하는 길을 절대 포기하지 않겠다. 내가 쓰러져도 나의 시체를 딛고 앞으로 나아가라."

대통령 선거의 계절이 되니 또다시 계절풍처럼 정계 개편의 바람이 불고 있다. 이 와중에 민주당이 또 어떻게 될지 알 수 없다. 어떠한 상황에서도 그 소중한 정통성과 정체성은 계승되어야 한다. 이 시점에서 민주당의 핵심 가치는 '노무현정권 실정의 책임에서 자유로운 민주개혁세력'이라는 점이다. 민주당은 노정권의 최대 피해자로서 노정권 하에서 국민이 고통 받을 때 고통을 함께 한 정당이다. 과거 독재정권 시절 국민과 고통을 함께 한 정당도 민주당밖에 없다. 따라서 민주당의 정통성은 민주당만의 소유가 아니다. 민주당의 정통성을 중심으로 정계 개편이 이루어져야 하는 이유가 바로 여기에 있다. 결국 정통성이 생명이다. 이 책을 지금 출간하는 이유는 졸저가 50년 민주당의 정통성을 살려나가는 데 도움이 되도록 하기 위해서다. 정통성의 중요성에 대해서는 뒤에서 별도로 논하려고 한다.

많은 분들에게 감사하는 마음이 든다. 먼저, 장상 대표님을 비롯한 당 지도부께 감사드린다. 뜨거운 성원을 보내주신 지지자들과 당원 동지들께 졸저를 바치면서 진심으로 감사의 말씀을 드린다. 아울러 극도로 어려운 시절 민주당에 관심을 갖고 도움의 손길을 주신 수많은 기자 동지들에게 뜨거운 감사 인사를 보낸다. 졸저에 귀한 추천의 말씀을 주신 김만흠 교수님께 존경과 감사의 말씀을 드린다.

바른 길을 갈 수 있게 늘 도와주시고 지도해주시는 모든 분들에게 깊은 마음의 감사를 드린다.

2007년 1월
유종필

차례

1장

빼앗긴 들판에서
봄을 꿈꾸다

계백의 혼은 살아 있다

17대 총선을 눈앞에 둔 2004년 3월 말 탄핵 역풍의 회오리 속에서 민주당은 지도부 분열이라는 설상가상의 최악의 사태에 처해 있었다. 지지도가 곤두박질 쳐서 도저히 선거를 치를 수 없는 상황으로 치닫고 있었다. 당의 공천을 받은 후보자들의 출마 포기가 속출했다. 당이 무너져 내리고 있었다. 여기저기서 절망과 한탄의 소리만 터져나올 뿐 대책이 없었다.

나는 인기를 모았던 영화 〈황산벌〉을 패러디 하여 계백장군을 자처하는 포스터를 만들어서 당사 게시판 여기저기에 붙였다. 출사표를 통해 "저 유종필은 비바람 몰아치는 신림벌에서 민주당을 지키는 계백이 되어 아쌀하게 거시기 해불랍니다."라고 사즉생(死卽生)의 각오를 피력했다.

실제 선거운동 과정에서는 두터운 갑옷을 걸치고 큰칼을 빼들고 선거를 치렀다. 이런 모습이 TV와 신문에 많이 보도되었다. 지금 돌이켜보면 우습기도 하고 다소 민망하기도 하지만 오죽하면 그랬겠는가. 그만큼 절박한 상황이었다. 당시 당원들과 지지자들에게 얼마나 용기를 주었는지 모르겠다.

선거가 민주당 참패로 끝난 후 나는 "계백은 죽었지만 혼은 살아 있습니다. 살아 있는 혼은 언젠가 부활할 것입니다. 민주당을 이렇게 장렬하지 못한 모습으로 종막을 고하게 할 수 없다는 의지가 생겨납니다."라는 성명을 발표하고, 동일 내용의 플래카드를 내걸었다. 3년이 다된 일이지만 먼 옛날의 일처럼 느껴진다. 하지만 지금도 계속되고 있는 현재진행형 사안이다.

[화제] "나 계백! 아쌀하게 거시기 해불자"

[아이뉴스24(2004. 4. 1)]

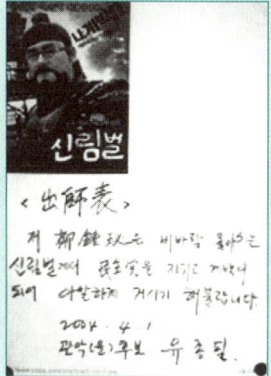

'민주당의 계백이 되겠다.'

추미애 선대위원장과 조순형 대표간 알력이 한창이던 1일 오전 민주당사. 게시판에 이색 출사표가 출현했다. 영화 〈황산벌〉을 패러디한 선거포스터와 출마의 변이 비장함을 더한다.

주인공은 민주당 관악을 후보인 유종필 대변인.

그는 "나 계백! 아쌀하게 거시기 해불자."라는 포스터와 출사표를 통해 "저 유종필은 비바람 몰아치는 신림벌에서 민주당을 지키는 계백이 되어 아쌀하게 거시기 해불랍니다."라는 내용의 출사표를 던졌다.

계백은 무언의 술 다섯 잔 속에 의자왕으로부터 황산벌 사수를 부탁받고, 일족까지 죽이고 황산벌로 향했다.

그 역시 몰락해가는 민주당을 살리기 위해 한 몸 바치겠다는 거다. 그런 마음으로 17대 총선에 출정한다는 거다.

유종필 대변인은 민주당 내분 사태에 대해 중립을 지켜왔다.

이승희 대변인은 조 대표가 이끄는 비대위쪽을, 장전형 부대변인은 선대위 추 의원측을 지지했던 것과 달리, "지금의 사태를 개탄한다."며 "구당적 입장에서 지도부간 단합해야 한다."고 강조해 왔다.

영화에서 계백이 이끄는 백제군은 당나라군과 연합한 신라군에게 참패한다. 대신 '거시기'를 세상에 남겨 미래를 기약했다.

그가 계백이 되고자 하는 건 총선에서 민주당이 참패하더라도 내일을 기약할 수 있는 무언가를 남기겠다는 말인가?

김현아 기자 chaos@inews24.com

대통령 탄핵 역풍으로 인해 민주당의 지지도가 곤두박질 치자 17대 총선 후보 등록을 눈앞에 두고 후보자들의 출마 포기가 속출했다. 나는 민주당 사수를 위해 계백장군을 자임하고 나서서 두터운 갑옷을 걸치고 큰칼을 빼들고 선거를 치렀다. 이런 모습이 TV와 신문에 많이 보도되었다. 당원과 지지자들에게 얼마나 용기를 주었는지 모르겠다.

〈한국일보 손용석 기자〉

암중모색

2004년 4.15 총선으로 당이 폭격을 맞은 것처럼 찢겨져 있던 어느 날 한화갑 대표로부터 만나자는 연락이 왔다. 당시 나는 패배한 총선의 뒷마무리를 하면서 틈틈이 뒷산에 올라가 인간 세상을 굽어보면서 쓸쓸한 침을 삼키곤 했다. 나 개인도 문제지만 당이 처참하게 무너진 현실 앞에서 무엇을 어떻게 해야 할지 알 수 없었다. 비빌 언덕마저 없어진 것이다. 모든 것이 막막할 뿐 아무런 대책이 없었다. 당에 와서 보낸 지난 10년이 너무나 아깝고 허무하게 느껴졌다. '정치를 계속 해야 하나? 하고 싶어도 할 방법이 있기나 할까?' 이런 생각만 들었다. 할 일이 없어서 어쩌다 TV를 틀어도 선거에서 승리한 사람들의 행복한 모습들 뿐, 어디에도 희망이 없었다. 사방을 둘러봐도 실망, 절망,

낙망뿐인 시절이었다.

'대표께서 무슨 일로 보자고 할까?'

가슴에 궁금증을 안고 서울 여의도의 한 사무실에서 한 대표와 마주 앉았다.

"민주당을 살릴 방법이 뭐가 없을까?"

"시간을 좀 주십시오."

한 대표의 짧은 물음에 나도 짧게 대답하고 물러나왔다.

그 뒤로 아무리 생각해봐도 그 방법이라는 것이 도무지 생각나지 않았다. 사실 한 대표가 묻기 전에 이미 나 스스로 수십 번 자문해보았지만 답이 나오지 않았는데 높은 사람이 묻는다고 갑자기 뾰족한 수가 나올 리 없었다. 시간을 달라고 한 것은 대표에 대한 예의상 그렇게 한 것뿐이었다.

다음 날 대표께 연락해 같은 장소에서 마주 앉았다. 거두절미하고 짧게 말씀드렸다.

"대표님, 민주당을 살릴 방법이 없는 것 같습니다."

"후유."

한 대표의 한숨이 흘러나왔다. 한 대표의 한숨을 뒤로 하고 밖으로 나왔다.

며칠 뒤 한 대표로부터 또 연락이 왔다. 총선 출마자 대여섯 명이 모였다. 대표는 민주당 재건 방안을 마련해달라고 했다. 몇 차례 만나서 토론 끝에 무슨 방안 비슷한 것을 얼기설기 만들어냈던 기억이 난다.

그리고 나서 얼마 뒤 나는 홍보위원장에 임명되어 당무에 참여하게 되었다. 솔직히 고백한 바와 같이 나는 민주당이 살아날 가능성이 보여서 당무에 참여한 것은 아니다. 많은 사람들이 뿔뿔이 흩어져 제 살 길을 찾아 나서는 상황에서 나도 마찬가지 처지였다. 정치는 뒷일이고 민생고 해결이 더 시급한 일이었다.

그러나 열심히 붙들고 하다보면 무슨 수가 있지 않을까 하는 막연한 희망이 내 안에서 꿈틀대기 시작했다. 최악의 경우 당이 없어지더라도 여한이 없도록 마지막까지 최선을 다해보자는 결심이 생겼다. 그래서 당에 나가게 되었다. 부모가 불치의 병에 걸렸을 때, 돌아가실 때까지 부모 곁을 지키는 것이 자식 된 도리다. 이와 똑같은 심정이 들었다.

'민주당이 최후를 맞이하더라도 곁에서 지켜보는 사람은 있어야 할 게 아닌가, 최후 순간까지 내가 보듬고 있어야지.'

이러한 비장한 각오로 당에 나갔다. 정치라는 것이 워낙 변화무쌍한 생물이니까 최선을 다하다 보면 좋은 수가 생길지 누가 알겠는가, 이런 생각을 하면서 실낱같은 희망의 끈을 놓지 않기로 마음을 굳게 다잡았다. 이렇게 해서 민주당과의 숙명적 인연을 다시 이어가게 되었다.

당 재건의 꿈

홍보위원장이라지만 당보 발행을 비롯한 홍보 고유의 업무는
돈이 없어서 엄두도 못 내는 등 할 일이 없었다. 한 대표께서 돈
안 들이고 홍보를 하는 방안으로 뉴스레터 같은 것을 만들어서
발송하면 어떻겠느냐는 제안을 했다.

곧바로 편집위원회를 구성하고 제호 공모에 들어갔다. 많은
논의 끝에 〈민주팡팡〉으로 제호를 정했다. 민주당이 힘차게 치
고 나가 당세를 키우고 발전하기를 기원하는 뜻을 담았다.

2004년 12월에야 〈민주팡팡〉 창간호를 내고 10만 명이 넘는
사람에게 E-메일을 통해 발송했다. 민주당의 목소리를 대외적
으로 쏘아대는 유일한 매체로서 나름의 보람이 있었다.

다음은 '빼앗긴 들에도 봄은 오는가'라는 제목으로 내가 집 필한 창간사다. 비장함과 함께 당 재건의 꿈을 결코 포기할 수 없다는 각오를 담았다.

빼앗긴 들에도 봄은 오는가

[민주팡팡(2004년 12월 창간호)]

민주당! 참으로 많은 사람들에게 많은 생각을 던져주는 이름이다. 뿌리를 찾아 굳이 50년을 거슬러 갈 필요도 없다. 바로 엊그제처럼 느껴지는 10년 전만 해도 평민당–신민당–국민회의라는 친숙한 이름으로 우리와 늘 함께 해왔다.

그 이름들에는 수많은 지지자들의 땀과 눈물, 애환이 배어 있다. 더 나아가 온 국민의 희망과 절망, 환호와 한숨이 녹아 있는 한국 정치의 살아 있는 역사 그 자체가 아닌가.

우리는 봄을 애타게 기다리면서 한겨울을 견뎌왔다. 시린 손 비비고 아픈 다리 서로 기대면서 민주당의 봄을 꿈꾸어 왔다. 아, 빼앗긴 들에도 봄은 오는가. 드디어 봄의 전령이 민주당의 문을 두드리고 있다.

그러나 진정한 봄을 맞이하기 위해서는 우리의 손으로 직접 씨앗을 뿌려야 한다. 지금은 모두 깨어 일어나 씨앗을 뿌려야 할 때다. 그 씨앗이 새싹을 틔우고 가을의 열매를 기약할 때 봄은 비로소 우리 것이 되고, 봄이 진정한 우리의 봄이 될 때 빼앗긴 들도 필경 우리의 들판이 되지 않겠는가.

〈민주팡팡〉은 빼앗긴 들에서 봄을 알리는 작은 종달새를 자임한다. 농부들이 그 노래 소리에 깨어 일어나고, 씨앗을 뿌려 봄을 지키고, 마침내 빼앗긴 들까지 되찾을 수 있도록, 비록 몸집은 작지만 당찬 날갯짓, 힘찬 목청으로 노래할 것을 다짐한다.

그해 겨울, 식민지 백성처럼 울었다

다음은 2004년 12월 30일 정치 포털 웹진 〈이너모스트〉에 기고한 '빼앗긴 들판에서 봄을 꿈꾸면서'라는 제목의 글인데, 당시 실의에 빠져 있던 민주당 지지자들의 뜨거운 반향을 불러왔다. 체감온도 영하 20도 이하의 매서운 칼바람 속에서 나는 식민지의 백성처럼 아무도 없는 한강 둔치를 홀로 거닐면서 찬란한 봄을 꿈꾸었다.

빼앗긴 들판에서 봄을 꿈꾸면서

[이너모스트(2004. 12. 30)]

어제 오후 늦은 시각에 여의도 순복음교회 근처의 한강변을 홀로 거닐었습니다. 겨울바람이 생각보다 훨씬 매섭더군요. 워낙 추워서 사람들이 거의 없어 좋긴 하더이다. 강물을 거슬러 걸어가니 금세 63빌딩이 가깝게 다가오더군요.

추위가 어느 정도냐 하면 두 손을 외투에 깊이 찔러 넣어도 꽁꽁 얼고, 귀는 워낙 시려서 목도리를 꺼내 여인네처럼 머리 정수리에서부터 귀를 감싸 내려 목을 똘똘 감으니 비로소 견딜 수 있을 정도였지요. 가슴팍과 뱃속 깊은 데까지 찬 기운이 파고들고 무릎은 마구 얼어붙는 것 같았습니다. 시린 두 손을 서로 비비고 그 손으로 귀와 볼과 턱을 사정없이 비비니까 효과가 좋더군요.

저도 추위라면 어느 정도 경험이 있는 편입니다. 최전방 철책선에서 밤새 보초를 서고 한겨울 혹한기 적응 훈련 때는 들판에서 잠도 자보고 영하 20도 이하인 한밤중에 웃통 벗고 연병장에 집합하여 체조도 하고 맨발로 눈밭에서 태권도까지 해본 사람입니다.

생각해보니 24년 전 서울이 영하 10도 이하이고 전방은 영하 20도 이하의 기록적인 한파가 몰려왔던, 엄청 추웠던 시절 강원도 최전방 철책선에서 겪었던 강추위 이후로 최고의 강추위를 어제 한강변에서 경험한 것이 되었네요.

저는 이 추위 속에서 민주당을 생각했습니다. 사실 요즘 저는 자나 깨나 나라 걱정, 당 걱정입니다. 어느새 나라 걱정,당 걱정이 생활화되었다고 해도 과언이 아닐 정도가 되어버렸지요. 실내에 있거나 차를 타고 다니면 어떤 추위도 생생하게 느낄 수 없습니다. 관념적으로 강추위를 알 뿐이죠. 관념속의 영하 20도가 실제 영하 10도보다 훨씬 따뜻할 겁니다. 한강변에서 홀로 꽁꽁 얼어붙은 저의 모습이 요즘 민주당의 처지가 아닌가 생각했습니다. 63빌딩과 트윈빌딩의 꼭대기에서는 불 때는 연기가 보기만 해도 훈훈할 정도로 날아올랐는데, 63빌딩은 요즘 따뜻한 열린당, 트윈은 한나라당이 아닐까 생각했습니다.

앞에서 언급한대로 시린 손끼리 비비니까 열이 나고 그 손으로 귀와 볼, 코, 턱을 마구 비비니까 제법 훈기가 나더라니까요. 아마 민주당도 이런 식의 자가 발전으로 이 추운 겨울을 나야할 것 같습니다. 아픈 다리끼리 서로 기대면서 이 거친 들판을 헤쳐 나가야 할 것 같습니다. 몸뚱아리가 얼어붙고 뱃속이 비니까 정신은 확실히 맑아짐을 느꼈습니다. 헝그리 정신이 생겨났습니다. 오기, 육기가 불끈불끈 솟아났습니다.

저는 63빌딩과 트윈 사이의 한강변에 있는 대형 야외무대에 올라가 보았습니다. 텅 빈 무대 위는 찬바람이 더욱 쌩쌩 몰아치더군요. 저는 회상했습니다. 보라매와 여의도광장의 100만 대군중을. 지금은 TV시대라 장외 집회는 구시대의 유물이 되었지만 저는 그 시절이 갑자기 그리워졌습니다.

1987년, 우리는 추웠지만 꿈이 있었고, 뭉쳐 있었고, 혼이 살아 있었습니다. 뭉치고 혼이 살아있었기에 10년 뒤 꿈을 이룬 것입니다. 그래서 그 시절이 그리웠습니다.

저는 텅 빈 무대에서, 역시 텅 빈 관중석을 내려다보면서 꿈을 꾸었습니다. 이 무대에서 민주당 부활의 굿을 여는 머지않은 장래를 꿈꾸었습니다. 전국에서 모여든 수십만의 지지자들이 부둥켜안고 춤추고 노래하는 모습을 그려보았습니다. 아무도 없는 그 곳에서 악도 써보았습니다. 두 손을 높이 올려 연설하는 제스처도 취해 보았습니다. 무대에서 내려가 관중석을 거닐어 보았습니다. 관중석의 말석에서 무대를 바라보면서 악을 쓰면서 박수를 치기도 했습니다. 아마 지나가는 사람들 눈에는 제 모습이 어릿광대처럼 보였을 것입니다.

어느덧 1시간이 훌쩍 지나가 이제 몸뚱아리는 딱딱하게 굳어질 정도가 되었습니다. 그러나 춥다는 생각은 별로 들지 않았습니다. 몸에서 자가발전된 에너지가 느껴지더군요.

나무는 겨울에도 자랍니다. 잎을 다 떨구고 추위에 떨면서도 남모르는 사이에 성장합니다. 겨울나무는 속도는 더디지만 딴딴하고 깐깐하게 자랍니다. 그래서 나이테, 다시 말하면 연륜이 생기죠. 민주당도 겨울나무가 되어야 합니다. 강추위에 떨면서도 이빨을 갈면서 남모르는 새 딴딴하게 커나가야 합니다. 남 보기에 처량하게 보이더라도 참고 참고 또 참으면서 봄을 꿈꾸어야 합니다.

지금 민주당의 가장 큰 문제는 국회의원 숫자가 아닙니다. 재정 압박도, 작은 당사도 아닙니다. 다시 말하면 눈에 보이는 것의 문제가 아닙니다. 문제는 정신입니다. 혼입니다. 워낙 큰 봉변을 당하면 한동안 정신을 차리기가 어렵습니다. 그러나 이제는 정신을 차려야 할 때가 되었습니다. 여당도 아니고 야당도 아닌 어정쩡한 자세가 가장 큰 문제입니다. 정체성 확립이 선행되지 않고서는 싸울 수도 살 수도 없습니다.

모든 싸움의 시작은 사상투쟁, 철학투쟁입니다. 철학에서 이겨야 실제에서 이깁니다. 열린당, 한나라당과의 사상투쟁, 철학투쟁을 맹렬하게 전개해야 합니다.

민주당이 얼토당토않은 합당설에 휘말려 고생하는 것도 철학이 확고하지 않기 때문입니다. 감히 우리의 뜻과 다른 합당 운운을 할 수 없도록 철학무장을 해야 합니다. 아시다시피 노정권과 열린당은 민심이반, 특히 호남민심의 이반으로 인해 정권의 존립에 위기의식을 갖고 있습니다. 그 해결의 첫 단추를 민주당의 말살로 잡고, 작전에 돌입한 거죠.

문제는 민주당내 일부에 있을 것으로 추측되는 합당에 대한 환상입니다. 뿌리가 같으니 다시 결합하여 여당하면 좋겠다는 생각 말입니다. 너무 어렵다보니 그런 생각도 무리는 아니겠죠. 그러나 말이 좋아 합당이지 민주당 입장에서는 당 간판을 내리는 멸당이라는 표현이 정확할 것입니다. 그럴 리 없지만 만일 합당이 된다면 일부 금배지만 여당의원이 될 뿐 나머지는 천덕꾸러기 신세가 되고 당 간판만 없어질 것이 뻔합니다.

본질적으로 중요한 것은 민주당으로 상징되는 가치와 정신의 말살이 문제입니다. 긴 말 필요 없이 이 시점에서의 합당은 우리 스스로 양고기가 되어 늑대의 아가리로 들어가는 격이죠.

저는 〈민주팡팡〉 창간사 '빼앗긴 들에도 봄은 오는가'에서 "봄을 진정한 우리의 것으로 만들기 위해서 우리의 손으로 씨앗을 뿌리자." 라는 당연한 말을 한 적이 있습니다. 어제 예상을 훨씬 뛰어넘는 찬바람 속에서 시린 손 비비면서도 똑같은 생각을 했지요. 겨울철 빼앗긴 들판에 홀로 서서 봄을 꿈꾸었습니다. 아마 추위가 그처럼 심하지 않았다면 그저 춥다고만 느낄 뿐 미처 봄을 꿈꾸지는 못했을 겁니다. 세상 이치는 참 묘하지요. 강추위 속에서 봄이 싹트는 이치... 그래서 세상은 스스로 균형을 잡고 유지되는 거겠죠. '겨울이 깊으면 봄도 멀지 않으리.' 이 유명한 시구도 같은 말이겠죠.

우리 민주당은 지금 깊은 겨울을 나는 중입니다. 봄을 꿈꾸면서 여름을 그리면서 가을을 품으면서 겨울을 나고 있습니다. 후광 선생이 말씀하신 인동초의 의미를 조금 알 것 같습니다. 눈을 들어 멀리 한강의 상류 쪽을 바라보았습니다. 역사의 강물은 말없이 흘러오고 있었습니다. 강물은 만 리의 바람을 품고 있었습니다(江含萬里風). 민주당은 긴 강물입니다. 어떤 당처럼 소낙비나 해일 같은 일시적인 광란의 힘이 아닙니다. 뿌리가 있고 역사가 있고 면면히 흘러온 철학과 혼이 있는 당입니다. 그래서 일시적으로 약해질지언정 없어질 수 없습니다. 대한민국의 역사와 함께 할 것입니다. 한강의 흐름과 영원히 함께 할 것입니다.

민주당에 홍어가 돌아왔다

민주당과 홍어는 특수 관계이다. 그 속에 온갖 애환이 담겨 있다. 전당대회를 며칠 앞둔 2005년 1월 말경 대변인실에서 총선 후 처음으로 홍어 파티를 열었는데, 예상보다 훨씬 크게 보도되고 제법 큰 반향을 불러일으켰다. 평민당 시절부터 관례처럼 해왔던 홍어 파티를 총선 후 1년 가까이 한 번도 열지 못한 것, 아니 그럴 생각조차 못한 것이 당시 민주당의 형편이었다.

이 행사는 당시 별 낙이 없던 당원들에게 추억과 함께 미래에 대한 희망을 북돋워 주었다. 엘리어트(T.S.Eliot)의 장편 서사시 '황무지'의 시구처럼 '추억과 욕정을 뒤섞은(mixing memory and desire)' 이벤트로서 대성공을 거두었다. 홍어가 돌아오니 당원과 지지자들도 돌아오고 기자들도 돌아왔다. 홍어 파티를 기획하게 된 단초는 다음과 같다.

어느 날 원로 당원이 가져온 것이라며 대변인실로 홍어회라는 것이 한 접시 배달되어 왔다. 반가운 마음에 여럿이 달려들어 그 벌건 살점을 한 입씩 집어넣었다. 그런데 톡 쏘는 맛이 '완전 제로'였다. 가자미로 판명 났다. 우리는 순간 실망했다. 그 때 문득 잊고 있었던 홍어회의 추억이 떠올랐다. 나는 제법 홍어를 좋아하는 편이라서 간간이 맛을 봐왔지만 당에서는 홍어가 사라진지 오래되었다. 워낙 당세가 기울어 홍어 생각 자체도 못했을 터이지만, 홍어 잔치를 할 일도, 하고 싶어도 벌일 장소조차 마땅치 않았다. 이것이 홍어 파티의 단초이다.

그 때 나는 톡 쏘는 맛이 제로인 가자미를 곱씹으면서 총선 이후 민주당의 모습이 홍어에서 가자미로 전락한 것이 아닌가, 다소 비약했다. 김빠진 맥주, 레몬 조각이 생략된 진토닉, 빨간 체리가 실종된 칵테일 등등 생명력이 없어진 것들 속에 민주당도 함께 포함되는 것 같아서 심히 우울했다.

그러던 차에 몇몇 기자들과 소주잔을 기울이던 중 한 기자가 새 당사의 기자실 개소식을 제안했다. 나는 즉석에서 홍어 파티를 기획하고 메인 카피를 '민주당에 홍어가 돌아왔다.'라고 결정했다. 홍어 파티는 여러 화제를 낳으면서 큰 성공을 거두고 당내외의 칭찬도 많이 받았다. 당시 국회 기자실에서 나는 다음과 같이 홍어 파티를 예고하여 기자들의 웃음을 자아냈다. 이 장면이 YTN 〈돌발영상〉에 소개되기도 했다.

홍어 파티

[YTN 돌발영상(2005. 1)]

민주당이 마포당사를 마련하고 기자실을 개소한다. 민주당은 지금 기자 없는 당이 되어버렸다. 앞으로 기자 여러분의 많은 방문을 기대한다. 이와 함께 기자들을 모시고 홍어 파티를 열 계획이다. 우리는 1988년 평민당 때부터 흥분과 감동의 정치적 고비마다 홍어 파티를 열어왔다.

홍어에는 민주당의 희로애락이 담겨 있고 애환이 배어 있다. 홍어 파티는 민주당만의, 민주당 특유의 풍속도이다. 세계적으로 홍어를 먹는 당은 민주당밖에 없다. 이번 파티의 헤드라인은 '민주당에 홍어가 돌아왔다.' 이다.

홍어는 민주당의 상징 어족이다. 당헌에는 없지만 '관습당헌(서울이 수도인 것은 관습헌법이라는 헌법재판소의 판결을 원용한 말임)'이나 마찬가지다. 그렇기 때문에 상징 어족인 홍어를 바꾸려면 전당대회를 열지 않고는 불가능하다. 물고기를 상징으로 삼는 당도 동서고금에 민주당밖에 없을 것이다. 홍어회는 김대중 전 대통령이 가장 즐기는 음식이기도 하다. 지난 1992년 대선 실패 후 영국에서 유학 할 때 목포에서 홍어를 아이스박스에 넣어 보내드리면 그렇게 좋아하셨다고 한다.

이번 홍어는 예전 홍어와는 다르다. 민주당 부활을 알리는 홍어다. 홍어와 돼지고기, 묵은 김치를 삼합이라고 한다. 홍어와 돼지고기는 전혀 이질적인 음식인데, 묵은 김치가 그 둘을 돌돌 말아서 절묘한 화합을 이루어 낸다. 민주당은 묵은 김치와 같은 역할을 할 것이다. 민주당이 추구하는 3합은 지역 통합·국민 통합·남북 통합이다.

인터넷을 달군 홍어 논쟁

오랜만에 열린 홍어 파티로 당원들과 지지자들이 당사로 몰려들고 모처럼 활기가 돌았다. 이런 와중에 홍어동호회 측에서 '민주당은 홍어가 만만해 보이나' 라는 제목으로 민주당을 비판하는 글을 오마이뉴스에 실었다. '감성에 호소하고 이벤트에 기대는 후진성', '지지세를 회복하고 싶은 소망' 운운하면서 민주당과 나를 겨냥했다. 한마디로, 홍어를 정치에 이용하지 말라는 내용이었다. 나는 즉각 '홍어를 정치에 이용하면 안 되나요?' 라는 제목으로 반론을 게재했다. 때 아닌 홍어논쟁이 벌어진 것이다. 홍어의 역사성과 삼합의 원리, 민주당은 아무리 추워도 곁불을 쬐지 않고 아무리 궁해도 가자미 되기를 거부하고 '톡 쏘는 홍어' 가 되겠다는 다짐을 담았다.

홍어를 정치에 이용하면 안 되나요?

[오마이뉴스(2005. 1. 31)]

필자는 얼마 전 국회 기자실에서 민주당의 기자실 개소식을 공지하면서 "민주당에 홍어가 돌아온다."고 말했다. "홍어는 당의 상징 어족이고, 이는 관습당헌"이라고 덧붙이고 관련 에피소드를 소개했다. 나의 익살에 기자들은 까르르 웃음소리로 반응했고, 나도 덩달아서 웃었다. 오마이뉴스를 비롯한 몇몇 언론이 이를 말랑말랑한 터치로 보도했고, 당 안팎에서 제법 이러저러한 반향이 나왔다.

여기까지는 좋았는데 홍어동호회의 어떤 분이 정색을 하고, 비분강개하는 필치로, 필자와 민주당을 향하여 칼춤 비슷한 것을 추었다. 이 분의 긴 글을 요약하자면, 민주당이 홍어를 만만하게 보아서 정치적으로 이용하는데, 그러지 말라는 주장인 듯싶다.

이에 대한 나의 주장을 두괄식으로 전개하는 게 좋겠다. 우리는 홍어를 매개로 민주당의 부활을 알리고 당원들의 사기를 높이고 싶었다. 다시 말해서 홍어를 정치적으로 이용할 의도가 분명히 있었던 것이다. 그런 의도가 없었다면 아무런 설명 없이 그냥 조용히 홍어를 내놓았을 거니까.

내가 홍어의 정치적 이용을 '자백' 했으니까 이제 논점은 분명해졌다. 홍어를 정치적으로 이용(악용 또는 활용이라는 가치 판단적 용어를 쓰지 않겠다)하는 것이 나쁜가 아닌가로 모아진다. 나는 홍어든 뭐든 다른 사람에게 별 폐를 끼치지 않는다면 정치적이든 경제적이든 문화적이든 상업적이든 군사적이든, 또는 기타 등등 뭐든 이용할 수 있다고 본다. 혹여 '신성한 홍어를 어쩌고…' 한다면 더 이상 말할 필요가 없으리라.

덧붙이자면 나는 평소 한국 정치에 유머와 운치가 부족한 점을 아쉽게 생각하고, 나 스스로는 그런 흥취를 가미하려고 노력하는 편이라는 점을 감안해주기 바란다.

사실 홍어는 옛날에는 서민들의 먹거리였다고 한다. 서민의 애환이 깃들어 있다. 우리 민주당도 궂은 일 좋은 일에 늘 홍어 파티를 해왔다. 당의 애환이 배어 있다. 대선 패배와 대선 승리의 뒤끝에도 홍어가 있었다. 기자들도 민주당에 몇 달만 출입하면 홍어 맛을 보게 되는 것이 민주당 출입기자만의 특권이라면 특권이었다. 하루 이틀 전이나 몇 시간 전에 기자실의 홍어 파티가 예고되면 많은 기자들이 가슴 설레면서 기다렸다가 나름의 품평을 늘어놓았던 것도 민주당 기자실만의 색깔 있고 정감 넘치는 풍경이었다. 이런 행사를 이번에 부활시키려는 것이다.

기호식품 가운데 커피와 초코음료는 대조적이다. 초코가 정신을 어둡게 하는 대신 육체를 살찌게 하는 것과 정반대로 커피는 육체를 갉아서 정신을 풍부하게 한다. 18~19세기에 유럽에서는 일정한 지성을 공인받기 전에는 커피점의 출입을 제한당했다고 한다. 지성인을 자처하는 사람은 남 보는 데서 초코를 입에 대지 않았다. 예술가들이 커피를 친구 삼는 것도 같은 맥락이다.

나는 홍어회를 씹어 먹을 때면 커피 마시는 기분이 들곤 한다. 영양학적으로는 잘 모르겠지만 적어도 기분학적으로는 톡 쏘는 맛이 흡사 커피향과도 같이 정신을 일깨우는 느낌을 준다. 홍어와 돼지고기, 묵은 김치를 삼합이라 하여 함께 먹는 것도 이런 이유가 아닐까 생각해본다. 홍어는 정신을 각성시키고 돼지고기는 육체를 살찌우고 김치는 상반되는 둘을 아우르는 역할이 아닐까. 영양학 문외한의 무책임한 분석이다. 전혀 다른 것들의 절묘한 조화요, 좀 비약하면 화이부동(和而不同 : 조화롭되 같지 않음)의 경지가 바로 삼합이 아닐까.

내친 김에 홍어에 얽힌 우리 집안의 에피소드 한 꼭지. 이미 고인이 된지 오래인 우리 아버지가 1970년대 중반 전라도 고향을 떠나 서울 변두리에서 칩거하실 때 늘 아쉬운 것 중 하나가 홍어 맛을 못 보는 것이었고, 이를 전해들은 광주의 큰딸이 아버지 생신인가 뭔가 하는 날에 큼직한 홍어 한 마리를 사서 가방에 넣고 서울행 열차에 몸을 실었는데, 내릴 때 보니 홍어를 넣은 가방이 오간 데 없더라는 것. 아버지께 이 사실을 고하자니 애당초 없던 일만 못하고 안하자니 큰딸의 효성을 증명할 길이 막막하여 마음을 결정하지 못한 상태로 아버지 집에 당도하게 되었는데, 아버지를 뵙자마자 자기도 몰래 눈물이 펑펑 쏟아져 부녀간에 눈물의 상봉을 연출했더란다.

그 당시는 부녀간의 오랜만의 상봉은 으레 눈물을 찔끔이라도 짜는 게 상례인 시대였는데, 아버지가 나중에 알고 보니 그 눈물바다에는 문제의 홍어가 개입되어 있었다. 잃어버린 홍어가 얼마나 톡 쏘고 쫄깃쫄깃 하였을까. 급기야 아버지는 정색을 하고 그 귀한 것을 남 줘버린 딸의 불찰을 꾸짖었고, 이에 딸은 홍어가 딸보다 더 귀하냐는 투의 푸념을 했더라는 우리 집안의 '전설 따라 30센티'이다. 홍어가 뭐길래.

70년대 중반까지는 영등포시장에도 홍어가 없었다고 하니 아마 서울 어디에도 없었을 것이다. 그 뒤 80년대 초반 아버지가 별세했을 때 나는 영등포시장에 나가 최고로 큰 홍어를 두 마리 사와서 조문객들을 접대했던 기억이 지금도 생생하다.

홍어(洪魚)가 이름 그대로 그 널찍한 몸집을 날개처럼 펄럭이면서 바다 속에서 유유히 헤엄치는 모습은 문자 그대로 유영(游泳 : 물속에서 헤엄치며 노니는 것)의 전형으로서 어느 잘 생긴 고기보다 카리스마 넘치게 보인다. 당당하고 여유로운 모습이 꽤나 매력적이다. 녹두장군을 연상시킨다.

마지막 한마디. 민주당은 아무리 추워도 곁불을 쬐지 않으며, 아무리 궁해도 가자미 되기를 거부하고 당당하고 톡 쏘는 홍어가 되겠다는 다짐을 해본다.

2장

명분에서 이겨야
현실에서 이긴다

끈질긴 합당 공세

2005년 4.30 재보궐선거에서 전패를 기록한 열린당은 엉뚱하게 민주당과의 합당을 대대적으로 들고 나왔다. 합당 대공세라고 해도 과언이 아닐 정도로 민주당에게는 큰 위협으로 다가왔다. 큰 파도가 밀려오는 느낌을 주기에 충분했다. 말이 좋아 합당이지 민주당을 흡수, 합병 시키려는 저의가 숨어 있는 음흉한 전략이었다.

이 때부터 먹히지 않으려는 민주당의 사투가 시작되었다. 모든 싸움의 근본은 사상 투쟁, 철학 투쟁, 명분 투쟁이다. 삼국지를 보아도, 해방 이후 남북한 간의 경쟁을 보아도 끊임없는 사상 투쟁의 연속이다. 동족상쟁일수록 더욱 그렇다. 명분에서 밀리면 현실에서 당해낼 수 없다. 나는 대변인으로서 분당 및 열린당 창당의 부당성과 민주당 수호의 정당성, 한국 정치사에서 민주당의 존재 이유와 명분을 확실하게 확보하는 철학 투쟁의 최전선에 서서 각오를 단단히 다져 먹었다.

문희상 열린당 의장은 선거 직후 관훈클럽 토론에서 민주당과의 합당 문제에 대해 "대의명분이 있으면 마다하지 않는다. 출생이 같고 대통령을 같이 만든 것 이상의 대의명분이 어디 있느냐. 이념상 가장 개혁적인 정당들이고 대통령을 같이 만들었기 때문에 합당의 가능성이 높다."고 답변했다. 나는 깜짝 놀랐다. 민주당이 반개혁이라서 분당을 했다는 사람들의 입에서 나온 말로는 도저히 믿기지 않았다. 우선 합당이 필요하니 아무 말이나 하고 보자는 식이 아니고 무엇인가. 또 언제는 출생이 달라서 분당했고 대통령을 같이 만들지 않아서 분당했다는 말인지, 한마디로 진실성이 결여된 태도라고 판단이 되었다.

그래서 다음과 같은 논평을 발표했다. 이 논평은 모든 매스컴에 비중 있게 보도되었다. 특히 '스토커냐'라는 말과 '침몰하는 타이타닉에 올라탈 멍청이가 어디 있겠는가'라는 말은 많이 회자되었고, 문 의장은 자기들 지지자들로부터 '창피하다'는 등의 많은 비판을 받게 되었다.

스토커 행태 흡사한 열린당 당의장의 합당론

지금 열린당이 민주당을 대하는 행태를 보면 거의 스토커의 수준이다. 막무가내로 같이 살자고, 손이라도 한번 잡아보자고 조르다가, '안 된다.' 하면 '한나라당과 합당할 것이다.' 라는 있지도 않은 음해성 스캔들을 만들어 퍼뜨린다. 그러다가 또 사랑한다고 하면서 조르고 떼를 쓴다. 아무런 일관성이 없고 논리도 없다. 그야말로 스토커의 전형적인 행태라는 생각이 든다.

다시 말하자면, 분당세력과의 합당은 없다. 침몰하는 타이타닉에 올라탈 멍청이가 어디 있겠는가?

(2005.5.2)

열린당은 며칠 뒤 정세균 원내대표가 합당 주장을 하더니 이번에는 분당에 적극적이었던 천정배 전 원내대표까지 나섰다. 그는 "민주당에서도 한화갑 대표 외에는 상당수가 통합을 원한다."라고 남의 당 사정까지 재단하고 나섰다. 당장 반박했다. 나는 열린당을 탈영자로 규정하고 '탈영자 원대복귀론'을 내세웠다. 어떤 싸움에서나 상대방에 대한 규정(definition)이 중요한데, 열린당을 탈영자로 규정한 것이다. 또한 분당이 영남 민심에 영합하기 위한 지역패권주의의 산물임을 강조했다.

탈영자 원대 복귀론

천정배 의원은 입바른 소리를 잘하는 분인데, 분당 때도 소신에 따라 노무현 대통령, 유시민 의원 다음으로 분당에 적극적이었던 걸로 기억된다. 그렇게 입바른 소리 잘하는 분이면 이제 소신을 바꿔 합당을 이야기 하려면 최소한 미안하다는 말을 먼저 하는 것이 도리이다.

그는 "민주당에서도 한화갑 대표 외에는 상당수가 통합을 원하는 것으로 알고 있다."라고 말했다. 이것은 민주당과 민주당원들의 뜻을 왜곡하고 모독하는 것이다. 아시다시피 민주당은 2월 3일 전당대회에서 전 당원 명의로 분당세력과의 합당 반대 결의를 하였다. 만장일치로 결의를 한 것이다. 도대체 한 대표 한 분 이외에 상당수가 합당에 찬성한다는 말은 어디에 근거한 것인지 모르겠다. 한 분 외에 모두 합당에 찬성한다면 지금 당장 한 분만 빼고 합당을 하면 되는 것 아닌가. 천 의원 말은 사실과도 다르고 논리도 맞지 않는다.

민주당 입장에서 열린당은 탈영자일 뿐 합당 대상이 아니다. 그래서 원할 경우 탈영자의 원대복귀를 요구하는 것이다.

분당 때 노 대통령과 열린당 사람들은 민주당을 깨고 짓밟음으로써 자신들이 지역주의가 아닌 전국정당을 하겠다는 과시를 한 것으로 보인다. 자기들이 파고들어가고 싶은 영남 쪽에 대고 그런 표시를 한 것이다. 그 희생물로 민주당을 선택해서 깨고 짓밟은 것이다. 지역주의를 극복하기 위해 민주당을 깬다고 했는데, 그 과정 자체가 지역패권주의에 대한 영합이다. 그야말로 자가당착이다.

그들은 분당을 하면서 민주당을 지역주의와 부패정당으로 규정했다. 민주당을 한나라당과 같은 반열로 격하시키는 양비론적 비판을 하면서 자기들은 그러한 지역주의 및 부패와 절연한 새로운 전국정당을 만들겠다고 했다. 전국적 개혁정당을 만들겠다고 했는데 오늘날 그것이 얼마나 허구인지는 모든 국민들이 잘 알고 있다. 그것이 깨지자 이제는 자신들의 논리를 스스로 뒤집고 민주당과의 합당을 주장하고 나선 것이다.

(2005. 5.13)

2005년 10.26 재보궐선거에서 또다시 대패한 열린당은 또 체면불고하고 민주당과의 합당을 들고 나왔다. 이번에는 친노직계인 염동연 의원이 주장했다. 나는 논평에서 '왜 물에 빠지면서 함께 붙잡고 가려는지 모르겠다.'고 했다.

왜 물에 빠지면서 함께 붙잡고 가려는지 모르겠다

열린당 염동연 의원의 민주당과의 합당 주장과 관련하여 우리는 간단하게 다음 몇 가지를 상기시키고자 한다.

첫째, 민주당은 2.3전당대회에서 '분당세력과의 합당 반대'를 만장일치로 결의한 바 있다.

둘째, 추락하는 열린당과의 합당은 동반자살 행위라는 것이 대부분 민주당원들의 인식이다.

셋째, 설사 합당을 주장하더라도 그럴 자격이 있는 사람이 해야지 분당에 앞장선 친노직계 인사가 주장하는 것은 더욱더 말이 안 된다.

열린당은 아무리 당이 위기에 처해있다 하더라도 스스로 위기를 벗어날 궁리를 해야지 왜 물에 빠지면서 민주당의 발목을 붙잡고 함께 빠지려고 하는지 모르겠다.

(2005.11.4)

그 뒤로도 열린당은 작정한 듯 연속적으로 합당을 거론했다. 참으로 끈질긴 사람들이었다. 나는 민주세력 분열에 대한 사과부터 하라고 요구했다.

민주 세력 분열에 대한 반성과 사과부터 하라

열린당의 일부 인사들이 민주당과의 합당론을 계속 확산시키고 있다. 심지어 '양당 합동 워크숍'이니 '끝장 토론'이니 하는 말까지 무책임하게 유포시키고 있다. 그동안 공식 논평을 통해 민주당의 기본 입장을 분명하게 밝혔지만 오늘은 또 다른 차원에서 입장을 밝히겠다.

첫째, 민주개혁세력 통합을 이야기하는 것은 분당이 민주개혁세력 분열이었음을 자인하는 것으로 본다.

둘째, 민주당과의 합당 주장은 '열린우리당 창당'이라는 정치 실험이 실패로 끝났음을 자인하는 것으로 본다.

셋째, 따라서 합당을 말하기 이전에 민주개혁세력 분열에 대한 반성과 함께 공식 사과가 선행되어야 한다. 백 마디의 말보다도 한 마디의 반성과 사과가 더 중요하다(百言不如一省).

열린당 내에서 합당을 주장하는 의원들은 자기 하나 살기 위해 체면도, 논리도, 정치 도의도 모두 벗어 던지고 막무가내로 달려드는 인상을 주고 있다. 침몰 직전의 배에서 일어나는 증상, 즉 '타이타닉 증후군'이 만연되어 있다. 침몰하는 배에서 살고 싶으면 개별적으로 탈출하면 될 일이지 왜 남의 배까지 달고 함께 침몰하자는 것인지 속내를 알 수가 없다.

(2005. 11.7)

해가 바뀌어 2006년이 되자 열린당의 양대 주주라 할 수 있는 정동영, 김근태 두 사람이 연달아 광주를 방문하여 민주 세력 통합론을 주장했다. 전당대회 출마를 위한 사전 포석이자 5.31 지방선거를 겨냥한 계산된 행보였다. 나는 민주 세력 분열의 책임이 노 대통령과 두 사람에게 있다는 것과 분당은 광주 5.18정신에 정면 위배된다는 점을 들어 그들을 정면으로 비판했다.

정동영, 김근태 두 전직 장관의 '민주 세력 통합론'

최근 열린당의 정동영 김근태 두 전직 장관이 전당대회 출마를 위해 전국을 순회하고 있는데, 특히 두 사람이 광주에서 각각 기자간담회를 갖고 민주개혁 세력의 재통합 차원에서 민주당과의 통합에 대해 이야기했다.

민주당을 분당시킨 주동자는 노무현 대통령이고, 정동영, 김근태 두 장관은 거기에 동조를 한 분들이다. 지금에 와서 민주개혁세력의 통합을 이야기하는데 그런 말을 하기 전에 민주개혁세력을 분열시킨데 대한 자기 반성이 먼저 있어야 한다.

이들은 노 대통령을 따라가서 장관까지 지내고 나와서 이제 와서 대권도전에 필요하니까 또다시 민주당을 이용하겠다는 생각으로 민주당의 심장부인 광주에서 이른바 통합을 이야기한 것이다.

분열에 대한 반성 없이 통합을 이야기 하는 것은 진정성이 없다. 열린당의 창당은 민주개혁세력 분열의 결과물이기 때문에 열린당의 해체가 선행되지 않고서는 어떠한 통합 논의도 있을 수 없다는 것을 다시 한 번 분명하게 밝힌다.

특히 민주개혁세력을 분열시킨 것은 광주 5·18정신에 정면으로 위배되는 것이다. 광주에 와서 그러한 기자간담회를 하는 것 자체가 잘못된 것이다. 언제 5·18 영령들에게 물어보고 민주당을 분당시켰는가?

열린당은 또 얼마 전 김대중 전 대통령도 민주개혁세력의 통합을 원한다고 했는데, 언제 김대중 전 대통령에게 물어보고 민주당을 분당시켰는가?

민주당을 분당시킬 때는 자기들 필요에 따라 나누고 이제 다시 민주당이 필요하니까 다시 합하자는 이야기를 하는데, 왜 하필 광주에 가서 그런 주장을 하고, 김대중 전 대통령까지 파는지 그 뜻을 모르겠다.

다시 말하지만 진정으로 통합을 원한다면 분열 행위에 대한 반성과 열린당의 해체가 선행되어야 하고 친정인 민주당으로 원대 복귀하면 된다.

(2006.1.9)

분당 사과, 열린당 해체,
민주당으로 원대 복귀만이 살 길이다

열린당 정동영 의장이 전남 광양에서 지방선거 후 열린당 중심의 민주개혁세력 대통합을 말하고 반한나라당 연대를 위한 민주당과의 당대당 통합 가능성까지 언급했다.

선거 참패를 모면하기 위한 술수로써 일고의 가치도 없는 발언이다. 이 문제에 대한 민주당의 입장은 다음과 같다.

첫째, 없어질 당과의 통합은 있을 수 없다.

둘째, 통합의 뜻이 있다면 분당에 대한 사과부터 하고 열린당 해체 후 친정인 민주당으로 원대 복귀하라.

셋째, 민주개혁세력의 총본산은 민주당이다. 민주당 중심의 중도개혁세력 총결집만이 있을 뿐이다.

열린당이 한나라당의 적수가 못 되는 것은 이미 입증되었다. 한나라당에 맞설 대표선수는 민주당밖에 없다. 민주당이 중심이 되어 대 한나라당 진지를 구축하여 대선에서 승리하는 것이 민주개혁세력 재집권의 유일한 길이다.

전국정당 한다고 민주당 분당시키더니 영남은 고사하고 수도권도 포기하고 호남에 와서 술수나 부린다고 열린당의 참패를 면할 수는 없을 것이다. 노무현 대통령도 싫고 열린당도 싫다는 것이 호남 민심이라는 것을 정 의장은 깨달아야 한다.

(2006.5.24)

5.31 지방선거 막판에 광주 전남에서 궁지에 몰린 열린당은 정동영 의장이 마지막으로 합당 공세를 펴고 나왔다. 열린당 중심의 민주 세력 통합과 민주당과의 당 대 당 통합을 언급했다. 자기들 나름으로는 마지막 승부수였다. 어차피 같은 당이

될텐데 당 보고 찍지 말고 인물 보고 찍자는 메시지였다. 나는 선거참패를 모면하기 위한 술수로써 일고의 가치도 없다고 반박했다.

다급해진 열린당은 다음 날 비상총회를 열어 한나라당의 싹쓸이를 막기 위해 열린당을 밀어달라고 읍소를 하고 나왔다. 나는 민주세력의 위기의 출발점은 분당에 있다는 점을 다시 한 번 확인하고 분열의 산물인 열린당 해체가 모든 위기 극복의 시작이라고 강조했다. 특히 열린당은 한나라당의 적수가 되지 못한다는 것이 이미 입증되었기 때문에 열린당을 해체하고 민주당을 지지하는 것이 옳다는 논리를 폈다. 이 논평은 선거 막판에 TV 3사의 메인뉴스에 육성으로 일제히 보도되고 YTN〈돌발영상〉으로 자세한 내용이 수차례 방영되었다. 열린당이 묵사발이 되는 느낌을 주기에 충분했다.

열린당 해체 선언부터 하라

다급해진 열린당이 비상총회를 열어 읍소작전으로 나오고 있다. 요약하면 '견제와 균형을 위해서 한나라당의 싹쓸이는 막아 달라, 민주개혁세력의 씨를 남겨 달라.'는 것이다. 현 민주개혁세력의 위기의 출발점은 민주개혁세력의 분열을 가져온 민주당 분당에 있다. 민주당 분당으로 현 집권세력의 도덕적 파탄이 시작되었고 정치공학적인 붕괴가 시작된 것이다. 그렇기 때문에 분열의 산물인 열린당 해체 선언부터 하는 것이 모든 위기 극복의 시작이다. 열린당 창당이라는 모험적인 정치 실험은 완전히 끝났다는 것을 선언하는 바이다.

한나라당의 싹쓸이를 막으려면 수도권에 집중해야 할 터인데 왜 민주당이 지키고 있는 호남에 올인 하는지 그것부터가 패배주의적인 발상이다.

지금 열린당에서 민주개혁세력 대통합을 이야기하고 열린당이 구심점이 되어 한나라당과 맞서겠다고 말하는데, 한나라당에 대연정을 제안했다가 퇴짜 맞은 열린당은 민주개혁세력의 구심점이 될 수 없다.

민주개혁세력의 총본산은 민주당이다. 열린당은 한나라당의 적수가 되지 못한다는 것이 이미 입증되었고, 자기들도 자인하고 있다. 한나라당과 맞설 대표선수는 민주당밖에 없다. 민주당을 중심으로 중도개혁세력을 총 결집해서 국민의 지지가 가장 많은 인물, 국민의 신망을 받는 인물을 대통령 후보로 내세워 집권하는 것이 민주개혁세력이 나아갈 올바른 진로이다.

지금 열린당이 워낙 다급해지니까 '살려달라' 읍소를 하고 있다. 그러나 아무 감동도, 눈물도 없는 신파극이라는 것을 국민들은 알고 있다.

흘러간 노래 중에 '운다고 옛사랑이 오리오만은……'이라고 하는 〈애수의 소야곡〉이라는 노래가 있다. 운다고 표가 오는 것이 아니다. 평소에 공부를 안 하던 학생이 시험 전날 울고불고 한다고 해서 점수가 나오지 않는 것과 똑같은 이치이다. 열린당이 아무리 울어봤자 그에 동조하고 마음이 움직일 국민은 없다. 우리는 노무현의 눈물도 보았고, 또 누구의 눈물도 보았다. 진정성이 없는 눈물은 오염된 물에 불과하다는 것을 열린당은 알아야 할 것이다.

모든 문제는 열린당 해체 선언을 하면 해결의 실마리가 나온다. 열린당이 완전히 붕괴되어야 민주개혁세력의 재건은 시작될 것이다.

(2006.5.25)

이 외에도 나는 수십 차례의 라디오 대담과 각종 언론 인터뷰를 통해 합당론의 부당성에 대해 확고한 논리와 강한 어조로 설파했다. 국회와 여의도 등지에서 열린당 사람들은 나를 우연히 마주치면 슬슬 피하기 일쑤였다. 파도가 밀려오듯 계속된 열린당의 합당 공세를 자나 깨나 온 몸으로 막아내는 것은 말처럼 쉽지만은 않았다. 무엇보다도 상대는 거대 집권당이었다. 2005년 중반까지만 해도 민주당내의 어정쩡한 기류도 만만치 않았다. 그러나 이런 어려움 속에서도 명분과 논리 면에서 우리가 압도적으로 승리했고, 지방선거의 승리도 이런 사상 투쟁, 명분 투쟁의 승리가 밑받침되었다고 나는 확신한다.

때론 위험한 이슈에도 맞서야 한다

2006년 5월 지방선거 직전 열린당이 광주 전남 지역에서 대대적으로 펼친 민주당과의 통합론은 대단히 중요하면서도 위험한 이슈였다. 자칫 잘못 대응하면 열린당은 통합주의자인 반면 민주당은 통합 반대, 즉 분열주의자로 낙인이 찍힐 위험성이 있었다. 열린당이 노리는 바도 여기에 있었을 것이다. 이런 이슈는 기술적으로 잘 다뤄야지 사실과 정반대로 인식되는 경우가 정치에서 드물지 않게 벌어지곤 한다. 만일 그렇게 된다면 얼마나 억울한 일인가.

민주당 같은 소수당은 말 한마디 잘못하면 존망의 문제로 이어질 수 있다. 정치에서 언어 전략, 쉽게 말해서 말의 중요성은 아무리 강조해도 지나치지 않다. 모든 것이 '말'과 '논리'로 이루어진다. 그래서 다음과 같은 논리를 만들어서 기자들에게 배포했다.

통합론의 허구

질문 열린당 측에서 민주당과의 통합을 주장하는데, 이 문제를 포함하여 향후 정치 지형 변화에 대한 민주당의 입장은 무엇입니까?

답변 열린당에서 통합을 말하는데, 통합 자체를 나쁘다고 말할 수는 없습니다. 그러나 그렇게 말하는 그 분들의 진정성에 의문이 듭니다. 엊그제 민주당을 반개혁이라고 매도하면서 나간 사람들 아닙니까. 먹던 물에 침을 뱉고 나갔다가 다시 그 물을 먹으려면 최소한 분당이 잘못되었다는 것을 시인하고 미안하다는 말은 한마디 하는 것이 도리에 맞습니다. 열린당이 최소한의 반성과 사과도 없이 그냥 합치자고 말하는 것은 진정성이 없습니다. 자기들이 어려워지니까 살기 위해 즉 생존수단으로 말하는 것입니다. 상황이 좋다면 합치자고 하겠습니까.

광주 전남 일부에서 열린당에 대해 우리가 만든 정권이기 때문에 미련을 갖고 있는 것이 사실입니다. 그러나 아닌 것은 아닌 것입니다. 안 되는 것은 안 되는 것입니다. 노무현 대통령과 열린당은 이미 국민의 원성의 대상, 지탄의 대상으로 전락해버렸습니다. 미련을 가질 필요가 없습니다. 고장난 물건은 고쳐 쓸 수 있지만 한번 원성의 대상으로 전락해버린 정당은 회복할 수 없습니다. 실패한 열린당을 붙들고 정권 재창출이 되겠습니까. 자유당이나 민정당을 가지고 다시 한 번 뭘 해보자 라고 말하는 것과 마찬가지입니다. 정당은 한번 낙인찍히면 그것으로 끝입니다. 이제 열린당 이름으로는 아무것도 할 수가 없습니다.

중도개혁세력을 통합하여 나라의 중심 정치 세력으로 키워가야 하는데 그러기 위해서는 열린당을 해체해야 합니다. 열린당은 분열주의의 산물이고 창당 자체가 잘못이고 이미 실패한 정당이기 때문입니다. 이미 실패한 열린당을 해체하고 정통 민주 세력의 본가인 민주당을 중심으로 다시 뭉치는 것이 사리에 맞습니다.

그리하여 향후 정계 개편의 중심축이 되어 정권을 재창출하는 것이 민주당의 비전입니다. 중도개혁주의 노선만이 국민통합과 안정적 경제발전을 이룩할 수 있는 유일한 노선입니다.

승리의 색깔, 패배의 색깔

2006년 초 열린당에서 상징색인 노란색 폐지론이 나오기 시작했다. 한 당내 행사장에서 정동영 전 의장이 "어떤 당원은 이제 노란색이 싫다고 하는데 여러분 생각은 어떤지 확인해 보자."며 거수투표를 했는데 150여 명 중 3명 만이 노란색에 찬성했다는 것이다. 그만큼 열린당이 인심을 잃었다는 말이다. 당이 싫으니 그 당의 상징색도 싫다는 것이고, 당원들조차 마찬가지라는 말이다. 분당을 당하고 노란색까지 빼앗긴 민주당으로서는 만감이 교차하는 일이다. '노란색의 추억'이란 제목으로 논평을 날렸다.

노란색의 추억

색깔의 상징성은 대단한 것이다. 공산당의 색깔인 빨간색은 우리 국민들 사이에 오랫동안 기피와 경계의 의미로 인식되어 왔다. '빨갱이'라는 말에 모든 것이 담겨 있다. 그러던 것이 '붉은 악마' 덕분에 우리는 오랜 빨간색 기피증에서 벗어날 수 있었다. 아니 이제 빨간색은 열정과 환희, 단결과 성취의 상징으로 바뀌어져 있다. 아마도 세계인들은 '대한민국' 하면 빨간색을 연상할지 모른다.

문제의 노란색은 어떤가. 따뜻함과 안전, 안정감의 상징이다. 심지어 도로교통법 시행령은 유치원 버스의 노란색 도색을 의무화하고 있다. 노란색은 그만큼 안전의 대명사라는 말이다.

정치적으로는 1980년대 중반 필리핀의 민주화 시위 때 코라손 아키노가 노란색 점퍼를 입고 등장한 이후 민주화의 상징으로 받아들여졌고, 당시 김대중, 김영삼 민추협 공동의장이 이를 원용하여 노란색 조끼를 착용하고 길거리 시위를 주도함으로써 한국에서 최초로 정치에 상징색 개념이 도입되었다.

그 이후 1987년 김대중의 평민당이 노란색을 공식 상징색으로 채택, 대대적으로 사용하여 한국에서는 어떤 색깔보다도 강한 인상을 남겼다. 특히 1988년 13대 총선에서 평민당이 예상을 깨고 여소야대의 제1야당으로 부상하여 정국을 주도함으로써 노란색은 최전성기를 구가하였다. 이 때 '황색돌풍'이라는 신조어까지 낳았다.

그 뒤 2002년 대선 국면에서 노사모를 중심으로 정치무대에 재등장한 노란색은 다시 한 번 승리의 색깔로 인식되어졌다.

이런 노란색은 2003년 9월 민주당의 분당과 함께 분쟁의 상징색이 되고 말았다. 본가인 민주당의 '소유권' 주장을 무시한 열린당의 대대적 착용이 맞부딪친 것이다. 결과는 열린당의 완승이었다.

17대 총선 후 민주당은 현실을 인정하고 노란색에서 과감히 도피할 수밖에 없었다. 고심 끝에 노란색을 버리고 현재의 청록색으로 당의 상징색을 바꿨다. 이 때 우리는 참담한 정치 현실 앞에 이를 악물고 눈물을 삼켰다. 한동안 우리는 노란색만 봐도 진저리를 칠 정도로 노란색 기피증에서 헤어나지 못했던 것이 사실이다.

　과거 환희와 승리, 안정과 단결의 상징이던 노란색은 그 뒤 배신과 패배, 불안과 분열의 상징으로 전락해버린 것이다.

　그로부터 2년이 채 못 된 지금 민주당으로부터 노란색을 빼앗아간, 노란색의 새 주인인 열린당 스스로 노란색을 보면 진저리를 친다는 말이 나오는 현실 앞에서 노란색의 원주인인 민주당으로서는 마음이 착잡하고 심란하고 만감이 교차한다. 좋은 색 가져다가 이렇게…….

　오늘도 '노란색의 추억'은 우리를 우울하게 한다.

(2006.1.20)

'우리'에 대한 단상

　우리나라 사람들은 '우리'라는 단어를 좋아한다. 모두가 뜻을 아는 단어이지만 국어사전에는 '말하는 이가 자기와 듣는 이, 또는 자기와 듣는 이를 포함한 여러 사람을 가리키는 일인칭 대명사'라고 나와 있다. 우리 엄마, 우리 학교, 우리 동네는 기본이고, 심지어 우리 마누라, 우리 남편 등 공유할 수 없는 것까지 '우리'라는 말을 붙여 사용한다. 얼마나 '우리'라는 말을 좋아하는지 알 수 있다. 정당은 한 무리의 집단이기 때문에 특히 그렇다. '우리 당'이라는 표현을 흔히 사용한다. 당내에서 뿐만 아니라 대외적으로도 아무 거리낌 없이 쓴다. 시비 거는 사람도 없다.

그런데 열린우리당이 창당되고 약칭을 '우리당'이라고 표방하면서 정치권의 오랜 언어 습관에 중대한 장애가 발생했다. 남의 당을 우리당이라고 부를 수 없는 다른 당은 물론 일반인도 마찬가지였다. 정당의 약칭은 원하는 대로 불러주는 것이 관행이다. 과거 5공 시절 통일민주당이 창당되어 약칭을 '민주당'으로 했는데, 이것을 못마땅하게 생각한 민정당이 '통민당'으로 불러 빈축을 산 적이 있다.

그러나 '우리당'은 사정이 다르다. 정말로 껄끄러운 이름이다. 그러다 보니 다른 당에서는 주로 '열우당'이나 '열린당'으로 쓴다. 문제는 언론이다. 일부 언론에서 약칭을 '우리당'으로 쓰다 보니 사실이 왜곡되는 경우가 한 두 번이 아니다. 방송기자의 경우 리포트를 할 때 "우리당의 아무개 대표는 어쩌구 저쩌구……" 하다보면 꼼짝 없이 그 당의 당원이 되어버리는 것이다. 우리 같은 야당은 그 당을 비판했는데 결과적으로 자기 당을 비판하는 것으로 오인되는 경우가 흔하다. 이름을 이렇게 짓는 것은 국민에 대한 예의가 아니다. 이런 문제점을 지적하는 논평을 냈다.

'우리 당'과 '우리당'

　언론에서 열린우리당의 약칭을 '우리당'으로 쓰는 것은 좋은데, 민주당과 관련하여 사용하다 보면 사실이왜곡되는 경우가 많다. 〈민주당 "우리당은 없어질 당"〉 〈민주당 "우리당은 배신당, 탈영병"〉 등 많은 사례가 있다. 열린우리당이 '우리당' 이라는 약칭을 사용하기 시작하자 본인은 그 폐해를 지적하기 위해 다음과 같은 논평을 낸 적이 있다.

　〈우리 당은 우리당이 우리 당에서 탈당할 때 우리 당에서 빼내간 우리 당의 경리장부를 반환하라고 촉구했지만, 우리당은 지금까지 우리 당에게 반환하지 않고 있다.〉

　혼선이 오는 1차적 책임은 열린우리당에게 있지만 언론이 잘 표현하여 혼선을 방지해주기 바란다. 언론은 국민과 정치권 사이의 매개자이기 때문에 이러한 심각한 커뮤니케이션 장애를 제거해 주어야 한다.

(2005.7.1)

대연정론의 전말

2005년 7월 초 노무현 대통령이 느닷없이 제기한 연정 주장으로 인해 여름 두 달이 더욱더 짜증나고 후덥지근하게 달아올랐다. 9월 초 대통령 스스로 더 이상 언급하지 않기로 한 발 뺌으로써 연정론은 소멸되었다. 그러나 당시 연정론은 민주당에게 커다란 위기로 다가왔다. 연정론은 그 해의 최대 정치 이슈로 기록되었다. 민주당은 또다시 한 고비를 무사히 넘겼다. 아니, 그로 인해 노 대통령과 열린당의 무원칙, 무소신, 무방향성, 반호남적 지역 편향성 등 본질적 모순을 만천하에 드러내어 열린당을 명분 면에서 확실하게 압도할 수 있었다. 연정론은 결과적으로 악재가 호재로 바뀐 케이스였다.

연정론은 처음에는 민주당 또는 민노당을 대상으로 하다가 나중에는 슬그머니 한나라당을 향해 구애의 방향을 틀었다. 어떠한 경우든 소수당 민주당으로서는 당의 존립과 관계되는 중대사임이 분명했다. 민주당을 향한 연정론은 합당론의 변형이나 다름 없었다. 만일 민노당과 연정 또는 정책연합이 이뤄지면 국회 의석의 안정적 과반수가 확보되어 그 만큼 민주당의 존재가치가 떨어지기 때문에 보통 일이 아니었다. 한나라당과의 연정이 성립된다면 과거 1990년 3당합당의 재판이 되고 만다. 어찌됐든 민주당은 반대하여 좌절시키는 것이 가장 좋은 수였다. 국가적으로도 마찬가지였다.

노 대통령의 정치 스타일은 이슈를 던져놓고 상대방의 대응과 언론과 국민의 반응을 살펴보고 다음 수를 두는 경우가 많다. 그렇기 때문에 첫 반응을 잘 내야 한다. 그래야 의도에 말리지 않고 싸움을 잘 이끌어갈 수 있다. 노 대통령의 의중을 모르는 상태에서 연정론에 대한 첫 반응은 향후 어떠한 경우에도 대처할 수 있도록 원론적 수준으로 냈다.

〈촌철살인 논평〉

연정보다는 초당적 국정운영을

노 대통령이 국정 실패에 대한 탈출구로 연정을 생각하는 것 같은데, 그보다는 열린당 당적을 이탈하여 초당적 국정운영을 하는 것이 현 난국의 해결책이다.

정부가 진정으로 국가와 국민을 위해 일한다면 어느 정당이 협력을 거부하겠는가. 연정보다는 교섭단체 요건을 완화하고 각 당을 협상 파트너로 삼아 국정운영을 하는 것이 바람직하다.

(2005.7.4)

다음 날도 마찬가지였다. 국민이 보았을 때 옳은 말을 해야 이긴다. 철저하게 국민의 편에서 논평을 날렸다. 그래야 꼼짝을 못한다.

〈촌철살인 논평〉

대통령은 국민과 연정을 하라

노 대통령은 특정 정당을 염두에 두지 말고 국민과 연정을 하기 바란다. '국회 과반수'가 중요한 것이 아니고 '국민 과반수'가 훨씬 중요하다. 국민 여론에 따라서 국민이 원하는 바대로 국정을 운영하면 국민이 지지하고 야당은 국민을 따라갈 수밖에 없을 것이다.

지금 국가 경제가 기울고 첨성대도 기우는데 대통령이 정치만 생각해서 되겠는가. 지금은 대통령과 여당과 야당이 합심해서 국가 경제를 살리고, 민생을 챙기고, 청년실업을 해소하고, 국가 안보를 튼튼히 다져야 할 때이다.

(2005.7.5)

드디어 노 대통령이 홍보수석을 통해 연정의 대상으로 민주당, 민노당은 물론 한나라당까지 모두 상정하고 있다고 밝히고 나섰다. 무조건 과반수만 확보하면 된다는 편의주의적 발상이었다. 큰 약점을 보이고 만 것이다. 그래서 본질적인 문제 제기를 하면서 노 대통령에 대한 강력한 공세를 취했다.

한나라당 민노당 모두 연정의 대상이라니?

민주당, 민노당은 물론 한나라당까지 모두 연정의 대상으로 상정하고 있다면 '노 대통령의 정체성은 무엇이고, 열린당의 정체성은 무엇인가?' 하는 근본적인 질문을 하지 않을 수 없다. 노 대통령은 자신이 운전하는 버스에 한나라당도 태우고, 민노당도 태우겠다고 하는데, 한나라당을 태우고 강남으로 가겠다는 것인지, 민노당을 태우고 창원으로 가겠다는 것인지 도대체 알 수가 없다.

노 대통령이 운전하는 버스는 노선도 없고 목적지도 없다. 마을버스만도 못하다. 마을버스도 노선이 있고 최종 목적지가 있다. 지금 노 대통령은 완전히 방향감을 상실했다. 무엇을 위한 연정인지, 어디로 가기 위한 연정인지, 가장 중요한 부분이 빠져 있다는 지적을 하는 것이다.

예전에 신촌 부근에 '야타족'이라는 것이 있었다. 차 세워놓고 '야, 태'하면서 아무나 타라고 한다. 목적지도 없다. 대한민국이라는 큰 버스가 '묻지 말고 태' '무조건 태!'라고 하는 '야타족'의 버스인지 큰 걱정이다. 노 대통령은 초심으로 돌아가서 왜, 무엇을 위해 대통령이 되려고 했는지 돌이켜보기 바란다. 민주당의 대통령 후보가 되려고 할 때 어떤 깃발을 들고 어떤 공약을 했는지 되새겨보기 바란다. 나는 당시 노무현 후보의 언론특보로서 다 기억하고 있다. 나는 노 후보의 출정선언과 광주경선에서 했던 연설, 후보 수락 연설문도 모두 기억하고 있는데, 정작 당사자인 노무현 대통령은 이런 중요한 것들을 모두 망각한 것 같다.

(2005.7.6)

이런 와중에 열린당은 어정쩡한 자세를 취하고 있었다. 당내 찬반이 엇갈려 우왕좌왕 좌충우돌 양상을 드러냈다. 며칠 뒤 문희상 당의장이 대통령과 교감을 나눈 듯 연정론을 거듭고 나왔다. 구체적 방안이랍시고 다음과 같은 것을 내놓았다. "국회가 지역구도를 해소할 수 있는 선거제도를 합의하여 만들면 야당에 총리 지명권과 내각제 수준의 권력을 이양하는 방안을 대통령에게 건의하겠다."고 말했다. 단번에 노 대통령의 생각인 것을 알 수 있었다. 참으로 무책임한 대통령이요 가벼운 집권당이라는 생각이 들었다. 지역구도 해소는 노 대통령의 단골메뉴이다. 어느새 연정의 목적이 지역구도 해소로 둔갑한 것이다. 완전히 방향감을 상실했다. 이 무렵 광주 출신 친노직계의 어떤 의원 역시 '대연정의 전도사가 되겠다.'고 자임하고 나서는 등 코미디 같은 모습을 연출하는 경우가 한 두 번이 아니었다.

한나라당에 내각제 수준의 총리를 주겠다는 것은 초헌법적일 뿐 아니라 정치와 선거의 기본은 물론 정당 책임정치의 의미를 망각한 수준 이하의 구상이었다. 표 찍은 국민은 안중에도 없는 무책임의 극치라고 해도 과언이 아니다. 집권당의 위상을 탈취당한 민주당에게는 더욱더 분노할 만한 일이었다. 이러한 문제점을 정면으로 제기했다.

'연정 굿판'을 집어치워라

집권당의 당의장이 국민의 뜻은 살피지 않고 대통령의 잘못된 말을 앵무새처럼 되풀이한 것은 지극히 실망스럽다. 이른바 연정과 관련된 말은 의도가 순수하지 않은데다 논리도 맞지 않고 국정혼란만 부추기고 있다.

첫째, 이른바 연정과 선거제도 논의는 별개의 사안일 뿐 아니라 선거제도는 지금 논의할 시기도 아니다. 국회의원 선거제도는 내년 지방선거 이후 국회에서 각 정파간 협상을 통해 논의할 문제이다.

둘째, 야당에 총리 지명권을 준다느니 내각제 수준의 권력이양 운운은 대통령과 집권당의 직분을 망각한 초헌법적 발상이다. 대통령 책임제 헌법 하에서 일고의 가치도 없는 무책임한 말이다. 대통령과 집권당은 더 이상 무책임한 언동으로 국민의 불안을 부추기지 말아야 한다.

셋째, 지역구도 해소는 중요한 문제이지만 이것 역시 연정과는 별개의 사안이다. 특히 영남 출신 대통령을 탄생시키는 등 지역문제 해소에 노력해온 민주당을 깨고 지역정당으로 매도한 노 대통령과 열린당은 지역문제를 말할 자격이 없다.

결론적으로, 지금은 정략적인 연정 문제를 놓고 소모적인 논쟁을 벌일 때가 아니다. 노 대통령과 열린당은 연정 운운하는 말 자체를 더 이상 하지 말아야 한다. 속이 뻔히 들여다보이는 '연정 굿판'을 집어치워야 한다. 그 대신 경제 살리기와 민생 챙기기, 일자리 만들기, 부동산 투기 잡기, 안보 태세 확립에 올인 해야 한다. 이런 일이라면 어느 야당이 반대하겠는가.

(2005.7.10)

쿼바디스 노무현?

야당에게 내각제 수준의 실권을 가진 총리를 주겠다고 하는데, 지난 2002년 대선 때 민주당의 노선과 이념, 정강정책과 공약을 보고 투표했던 사람들은 어떻게 될 것인가? 만일 노 대통령의 말이 현실화 된다고 가정하면 한나라당 정권을 만들어 준다는 것인가?

그럴 경우 국가보안법은 어떻게 되고, 햇볕정책은 어떻게 되고, 노 대통령이 금과옥조처럼 내세우는 국토 균형 발전은 어떻게 되고, 행정수도 건설은 어떻게 될 것인가? 한나라당 출신의 총리가 주도하는가, 노 대통령이 주도할 것인가?

2002년 대선에서 국민은 '민주당 정권'을 만들어 주었는데, 대선 때 존재하지도 않았던 '열린당 정권'이 되더니, 이제 '한나라당 정권'이 되는 것인가? 노 대통령은 민주당 정권을 탈취해서 자기 마음대로 한나라당에게 주겠다는 것인가? 5년 임기 동안에 집권당이 두 번이나 바뀌고, 총리를 또 다시 다른 당에 주면 집권당이 몇 번 바뀔지 모른다.

만일 그렇게 된다면 선거의 의미는 없어지고 정당 책임정치는 실종되고 말 것이다. 극도의 정치 허무주의가 만연할 것이다.

정치는 단순한 권력 추구가 아닌 '가치가 담긴 권력'을 추구하는 것이어야 한다. 그런데 이런 식으로 가치가 실종되면 한국 정치는 '야만의 게임'으로 전락하고 말 것이다.

노무현 대통령님 어디로 가십니까? 쿼바디스 노무현?

(2005.7.11)

노 대통령은 궁지에 몰리고 있었지만 포기하지 않고 더욱더 연정에 매달렸다. 열린당의 당원들과 국민을 설득하려고 모든 수단을 동원하면서 안간힘을 썼다. 아마도 그의 눈에는 국민들이 '어리석은 백성' 쯤으로 여겨지는 것 같았다. 그러나 내 눈에는 대통령이 너무나 어리석어서 애처로울 정도였다. 열린당의 당원들을 대상으로 한 노 대통령의 공개편지가 나왔다. 열린당과 한나라당의 노선 차이도 없다는 것과 연정만 되면 지역 문제도 해결될 것처럼 논리를 전개했다. 참 기가 막히는 내용이었다. 그래서 '차라리 합당을 하라' 는 논평을 냈다.

차라리 한나라당과 합당을 하라

노 대통령께서 또 편지를 띄웠다. 형식은 '당원 동지 여러분께' 이지만 사실상 '국민 여러분께' 라고 봐도 무방할 것 같다. 이 나라 대통령의 말씀인지 의심이 갈 정도로 지극히 어수선하고 산만하고 무책임하고 자의적인 언사로 가득 차 있다. 도대체 무슨 말인지, 무슨 의도인지 알 수가 없다. 어이가 없다.

편지에 보면 '권력을 한나라당에 이양하겠다.', '정권을 내놓겠다.', '실질적인 정권 교체 제안이다.' 라는 말까지 들어가 있다. 또 열린당과 한나라당의 노선 차이가 크지 않다는 말도 있다. 박근혜 한나라당 대표에게 연정을 애원하는 노 대통령의 모습이 매우 초라하게 보인다. 이럴 바에는 노 대통령은 차라리 한나라당에게 합당을 제안하는 것이 더 나을 것이다. 노선도 같고 지역문제도 해결된다는데, 합당 아니라 합당 그 이상도 가능할 것이다. 당장 동거에 들어가기 바란다.

노 대통령은 편지에서 지역문제 이야기를 처음부터 끝까지 장황하게 하고 있다. 노 대통령은, 영남출신 대통령을 탄생시키고 전국적인 지지기반을 가진 민주당을 깨고 나간 분으로서 지역문제를 말할 자격이 없다.

이제 노 대통령의 편지인지 뭔지 하는 것 때문에 국민들이 대단히 지쳐있으며 짜증내고 있다. 지겨워하고 있다. 노 대통령은 편지를 쓰는 그 정성의 반만이라도 국가 경제를 챙기고 안보를 탄탄하게 다지는데 써야 할 것이다.

(2005.7.28)

다음 날 노 대통령은 아예 기자간담회를 자청해서 한나라당에게 대연정을 강력 촉구하고 나섰다. 진지하게 한 번 검토라도 해봐달라는 것이다. 갈수록 태산이라는 생각이 들었다. 거의 병적 수준이었다. 영남 대통령과 영남 야당의 결합은 상상할 수도 없는 일인데 오로지 노 대통령의 영남우월주의, 영남패권주의 사고 속에서만 가능한 일이었다. 이 점을 강력 성토했다. 이제야 본질로 들어가고 있었다.

나는 평소 노 대통령의 머리와 가슴 속 깊이 지역우월주의가 자리잡고 있다고 확신을 가지고 있었다. 호남당 소리 듣기 싫어서 열린당을 창당했다고 스스로 밝힌 민주당 분당을 비롯하여 그 이후 수많은 언행 속에는 뿌리깊은 지역우월주의가 자리하고 있었던 것이다. 이 점을 본격 거론했다. 다음 논평은 정치인 노무현의 코드를 이해하는 데 중요한 단초가 되는 것이라고 나는 감히 자부한다.

이 논평을 국회기자실에서 발표했는데, 한화갑 대표께서 국회 내 대표실에서 스피커를 통해 직접 들었다고 하면서 나에게 다음과 같이 말해주었다. "그 때 국회의원들과 함께 있으면서 '아무리 보아도 노 대통령은 지역주의에 사로잡혀 있는 사람인 것 같다.'고 의견을 나누었는데, 그 순간 자네의 목소리가 들려왔네. 노 대통령의 혈관에는 지역주의의 피가 흐르고 있다는 부분에 모두 동의하는 분위기였었지."

노 대통령은 영남패권주의 정당을 꿈꾸는가?

오늘 노무현 대통령께서 기자간담회를 했다. 이른바 대연정 제안을 한나라당이 진지하게 검토해줬으면 좋겠다는 내용이다. 노 대통령은 한나라당에게 '동거하자.' '한살림 하자.' 고 하다가 퇴짜를 맞으니까 이제는 연애편지를 한번 읽어라도 봐달라고 간청하고, 애원하고, 통사정하고, 구걸까지 하고 있다.

전에는 열린당 당의장이 민주당 보고 합당하자고 하더니 이제 노 대통령은 박근혜 대표의 치맛자락을 붙잡고 늘어지는 스토커 역할을 하고 있다. 아무튼 박근혜 대표는 스토커 복은 많은 것 같다. 전에도 스토커가 있었는데 이제 대통령까지 박 대표의 스토커가 되어 있다.

노 대통령의 대연정의 근저를 분석해봤다. 노 대통령은 고향인 영남에서 인정받지 못하는 것에 대해 일종의 한을 가지고 있는 분이다. 민주당을 깨고 짓밟은 것도 고향인 영남 쪽에 보여주기 위한 것이다. 분당은 '내가 호남이 주축이 된 민주당을 접수해서 깨뜨렸으니 이제 영남사람들이 나를 인정을 해주시라.' 고 말하는 시위인 것이다. 민주당을 희생양 삼아서 정치적인 고향인 영남에 뿌리를 내리기 위한 술수라고 볼 수가 있다. 지금 노 대통령이 한나라당 박 대표에게 연정을 하자고 애원하는 것도 이러한 연장선상에 있다. 다시 말하자면 한나라당과의 연정은 정치적 고향인 영남에서 뿌리 한번 내려보겠다고 하는 노 대통령의 숙원사업 해결 차원이라고 볼 수 있다.

만약에 열린당의 노무현 대통령과 한나라당의 박근혜 대표가 연정을 한다면 이것은 영남의 주류와 영남의 비주류가 결합함으로써 완벽한 영남당, 대영남당, 강력한 지역패권주의 정당이 탄생하게 되는 것이다. 이것은 호남고립화를 가져온 1990년 3당 합당의 재판이 되는 것이다. 노 대통령이 민주당을 깨고 나가서 한나라당과 동거 정부를 구성하자고 하는 것은 노 대통령의 영남우월주의의 산물이다.

노 대통령은 한나라당에 대해 5·18학살정당이고, 군사쿠데타 세력의 정당이고, 재벌당이고, 수구냉전정당이고 차떼기정당이라고 규정한 바 있다. 이런 정당과 동거하지 못해서 안달이 나있는 노대통령의 정체성은 무엇인지 한번 분석을 해 볼 필요가 있다.

열린당의 노 대통령과 한나라당 박 대표의 공통점은 영남사람인 것 밖에 없다. 어떠한 정치적인 공통점도 찾기가 힘들다. 노 대통령의 정체성은 바로 영남사람이라는 것뿐이다. 그동안 자신이 주장해왔던 여러 주의 · 주장 · 노선은 이번 한나라당과의 동거 정부 구성 제안으로 해서 모두 무효가 되었다. 이제 지금까지의 노무현과 지금부터의 노무현은 정치적으로 완전 다른 사람이다.

노 대통령은 입으로는 지역주의 타파를 외치지만 노 대통령의 혈관 속에는 지역주의의 피가 흐르고 있다.

노 대통령이 동거 정부 구성을 제안해봤자 잘 안 되고 있다. 어제 민노당과 민주당은 서로 짠 것도 아닌데 "이럴 바에는 차라리 열린당과 한나라당은 합당을 하라."고 했는데, 저는 오늘 그 제안을 바꿔서 "노무현 대통령님, 한나라당에 입당을 하십시오."라고 말하고 싶다. 이미 열린당 내에서도 창피해서 같이 못하겠다는 말들이 나오고 있다. 국회의원도 그렇게 말하고 있고 홈페이지에 당원들의 그러한 글이 올라오고 있다. 하물며 지금 다른 당을 하고 있는 민주당도 우리가 대통령을 만든데 대해서 자괴감을 느끼고 있다. 국민들 보기에 창피할 정도이다. 지금 열린당의 국회의원과 당원들은 얼마나 창피할지 짐작하고도 남음이 있다.

노 대통령은 열린당을 탈당하여 한나라당에 입당해서 한나라당을 집권당으로 만들어 주는 것이 오히려 지역구도를 더욱더 명확히 하는 방법이라는 생각이 든다.

(2005.7.29)

다음 날 동일한 메시지를 한 번 더 날렸다. 한나라당과의 연정 제안이 반개혁적이고 반호남적이라는 사실을 정면으로 지적했다.

반개혁적이고 반호남적인 연정 제안

노무현-박근혜 동거 정부는 제안 자체만으로 노 대통령의 본질과 정체성을 노출시킨 것이다. 노 대통령이 민주당을 깨고 분당할 때 개혁 명분을 내세웠는데, 수구 냉전 세력인 한나라당과의 동거 정부 제안으로 그나마 분당 명분을 완전히 상실했다. 민주당이 반개혁 정당이라 함께 할 수 없다고 나간 사람이 한나라당과 동거하자고 하면 한나라당이 개혁 세력이라는 말인지 노 대통령은 답변하기 바란다.

지금 열린당 내에서도 소장 개혁파와 호남 출신 의원들이 반발하고 있다. 이것만 보더라도 한나라당과의 동거 정부는 반개혁적이고 반호남적임을 입증하는 것이다. 호남에서는 동서화합 시켜달라고 영남 출신 대통령을 뽑아주었더니 동서화합은커녕 영남 주류와 영남 비주류를 결합하여 영남 패권주의 정부를 만들겠다고 하는 것에 대해 큰 배신감을 느끼고 있다. 호남을 배신하는 노 대통령의 정치 행위에 대해 호남인들이 용서하지 않을 것이다.

민주당은 우리가 후보 만들고 언 손 호호 불고 수십억 원 빚져가면서 만든 대통령이 이렇게 아름답지 못한 모습을 보이는 것에 대해 심한 자괴감을 느낀다. 노 대통령에게 압도적 지지를 보내준 계층과 지역의 사람들도 똑같은 심정일 것이다.

(2005.8.1)

무시 전략으로 일관하던 한나라당의 박근혜 대표가 이번에는 기자회견을 열어 거부 의사를 공식으로 밝혔다. 너무나 당연한 것이다. 그래도 노 대통령과 열린당은 계속 졸라댔다. 기이한 현상이었다. 이런 꼴불견을 캬바레에 비유하여 논평하여 많은 화제를 낳았다.

캬바레 매너만도 못한 연정 제안

노무현 대통령의 연정제안에 대해 한나라당 박근혜 대표가 기자회견에서 거부의사를 분명히 했다. 한나라당이 수차례 싫다고 거부해도 노 대통령은 계속 조르고 열린당 지도부는 이를 뒷받침하고 있다.

노 대통령이 박 대표에게 "Shall we dance?" (춤 한 번 추실까요?)라고 말하자 박 대표가 "No!" 라고 대답한 것이다. 이런 경우 통상 캬바레에서도 깨끗이 물러나는 것이 기본 에티켓이고 매너이고 상식이다. 지금 이 나라에서는 캬바레 매너보다 못한 정치가 벌어지고 있다. 노 대통령은 지금 파트너 없이 '솔로 댄스', '솔로 부르스', '나 홀로 탱고'를 추고 있다. 수천만 국민이 보고 있는 데서 솔로 부르스를 추고 있는 대통령의 모습이 참 딱하다. 노 대통령이 열 번 찍어 안 넘어갈 나무 없다는 식으로 계속해서 편지를 쓰고 졸라

댈지 모르겠다. 만에 하나 노무현-박근혜 동거 정부가 성사된다면 이는 잘못된 만남이고 정략결혼이고 동상이몽이고 '불륜 부르스'이다.

(2005.8.1)

두 달이 다 되도록 연정 제안에 성과가 없고 오히려 국민 여론이 악화일로를 걷게 되자 열린당 내부에서조차 비판의 목소리가 거세지기 시작했다. 특히 호남 민심은 악화 정도가 아니라 배신감과 분노로 들끓었다. 노 대통령은 초조한 모습을 보이기 시작했다. 이제 승부는 분명해지고 있었다. 상대가 최대 승부수로 내놓았던 지역구도 타파의 허점을 과감하게 다시 한 번 정면 비판했다. 특히 민주당을 호남당이라고 매도하면서 깨고 나간 노 대통령은 지역구도 타파를 말할 자격이 없다는 것을 부각시켰다.

<청철살인 논평>

대연정은 지역구도 타파에 역행하는 것

노무현 대통령은 한나라당과의 동거 정부를 구성하자는 대연정을 내놓고 '지역구도 타파'라는 거창한 명분을 갖다 붙이고 있다.

민주당은 어느 당보다도 지역구도 타파를 위해 노력해왔다. 실제로 영남 출신의 노무현 대통령을 민주당의 후보로 내세웠던 것도 이러한 염원이 반영된 결과이다.

노 대통령이 민주당을 깨고 나가서 호남당이라고 비하하고 매도하면서 끊임없는 파괴 공작을 벌인 것은 지역구도 타파에 역행하는 행위이다. 한마디로 노 대통령은 지역구도 타파를 말할 자격이 없다. 더구나 한나라당과의 동거 정부는 지역구도를 강화하고 지역패권주의를 완성하는 것이다. 영남의 주류인 박근혜 대표와 영남의 비주류인 노무현 대통령이 결합하면 영남 지역정권이 되는 것이다.

임기 후반 벽두부터 대통령과 열린당 지도부가 한 목소리로 무슨 대작전하듯이 대연정을 노래 부르고 있는 것은 '경제를 살려라, 민생을 보살펴라, 청년실업을 해소해 달라'고 말하는 민의에 대한 정면 도전이고 배신이다.

(2005.8.29)

9월로 접어들고 찬바람이 불기 시작하자 그렇게도 고집스럽게 연정을 밀고나가던 노 대통령도 시들해지기 시작했다. 국민의 지지가 없이는 어떤 권력자도 힘을 받을 수 없다는 것을 명백하게 보여주는 것이다. 드디어 노 대통령은 해외 순방을 떠나면서 "당분간 연정 이야기는 꺼내지 않겠다."고 말했다. 자존심을 공개적으로 구기기 싫어서 '당분간'이지 사실상 연정 포기 선언이나 다름 없었다.

　　연정론은 긴가민가했던 노무현의 정체성을 너무나 극명하게 스스로 노출했던 사건으로서 큰 의미가 있었다. 연정론 덕분에 국민들은 '벌거벗은 노무현'을 리얼하게 볼 수 있었다. 그의 사고의 밑바닥과 그의 수준, 그의 도덕성을 모두 보았다. 연정은, 희극이라고 말하기에는 너무 서글프고 비극이라고 말하기에는 너무 코미디 같은, 한여름 밤의 꿈이었다. 민주당으로서는 선방을 했다. 아니 작지 않은 전과를 올린 것으로 자평했다. 무엇보다도 호남 민심에 가까이 다가갈 수 있었던 것이 최대 성과였다. 안도의 한숨을 내쉬면서 가벼운 마음으로 마무리 논평을 냈다.

국민에게 연정(戀情)을 품고 국민과 연정(聯政)을

우리나라에서 사전적 의미가 바뀐 단어가 많이 있는데 그 중 하나가 '연정'이다. 과거 전두환 대통령이 '민주정의당'이라는 말을 써서 '정의'라는 말의 사전적 의미가 크게 바뀌었고, 노태우 대통령이 '보통사람'이라는 말을 써서 '보통'이라는 말은 '대단히 특별한'으로 뜻이 바뀌었다. 연정은 내각제 국가에서 정당 간에 서로 연대하여 권력을 공유하는 것인데, 노 대통령의 연정은 '정치판을 바꾸기 위한 고도의 정치적인 술수'로 바뀌어 부정적인 단어가 되어버렸다.

이제 노 대통령은 제발 연정을 잊어야 한다. '당분간'이 아니라 '임기 동안' 잊어야 한다. 그 대신 국민에게 연정을 품고 국민과 연정을 하기 바란다.

(2005.9.9)

한나라당이 몰려온다

한나라당이 호남과 민주당에 대해 부쩍 관심을 높여가고 있다. 두 말할 필요 없이 2007년 대통령 선거를 겨냥한 정치적 필요 때문이다. 유력 대권주자인 이명박 전 서울시장이 시장 시절 서울의 구청장들을 대거 이끌고 내려와서 전남 22개 시군과 자매결연을 맺고, 전남도청 신청사 개청식에는 박근혜 대표는 물론 이 시장과 손학규 경기지사까지, 당내 유력 대권주자 모두가 총출동했다. 이명박, 손학규 두 시도지사가 임기를 마친 뒤 호남에서 짧지 않은 기간 민생투어를 하면서 머물렀다. 대권 행보라 하지만 나름대로 의미가 있다고 생각한다.

2005년 5월 한나라당의 동서화합특위 소속의 의원들이 단체로 김대중 전 대통령의 하의도 생가 방문에 나섰다. 김대중 생가 방문은 누구에게나 자유이다. 그러나 공화당-민정당-민자당-신한국당 등 역대 집권당의 후예이자 DJ와 수십 년 간 대척점에 있었던 정당의 집단 방문은 예사로운 일이 아니었다.

호남에서의 의원 연수, 당대표의 잦은 방문, 호남에 제2지역구 갖기, 5.18묘지 집단 참배 등 서진정책의 연장선상이었다. 그러나 하의도 방문은 어떤 일보다도 언론의 관심을 끄는 화끈한 이벤트였다.

호남에 다가서기 위한 노력 자체는 좋은 것이다. 그러나 민주당으로서는 이번 기회에 짚어둘 것은 짚어둘 필요가 있었다. 우선 지역문제는 뿌리가 있고 가해자와 피해자가 엄연히 존재한다. 이런 역사성을 무시하고 정치적 필요에 따른 단발적인 이벤트는 바람직하지도 않을뿐더러 효과도 없다. 또 서진정책이라는 명칭도 문제이다. 호남을 한나라당 집권을 위한 영토 확장의 대상으로 보는 의식이 숨겨져 있는 용어이다.

지역 차별의 근원을 살펴볼 필요가 있다. 박정희 대통령 시절부터 수십년 간 지속된 극심한 차별로 인해 호남은 소외와 낙후의 대명사가 되었다. 1980년 전두환 신군부의 광주항쟁 무력진압과 김대중 사형선고로 호남의 소외는 극에 달했다. 지금 노무현 정권에서도 호남 소외는 계속되고 있다.

수십 년 간 지속된 호남 차별과 명예훼손, 김대중에 대한 용공조작과 흑색선전, 이런 것들이 호남 사람들의 가슴 속에 한을 남긴 것이다. 이런 모든 것의 중심에 당명만 바뀐 한나라당이 있다. 한나라당 사람들이 이런 의식이 있을까. 아마 심각한 의식이 없을 것이다. 그래서 이런 기본적 사항에 대해 짚은 후 다음과 같이 논평을 마무리했다.

〈촌철살인 논평〉

한나라당은 호남 껴안기에 앞서 통렬한 반성과 사과부터 하라

한나라당 의원들이 김대중 전 대통령 생가를 방문한다고 한다. 김대중 생가 방문은 누구에게나 자유이다. 그러나 김 전 대통령과 수십 년간 대척점에 있었던 정당의 집단 방문은 예사로운 일이 아니다. 한나라당은 민주공화당-민정당-민자당-신한국당과 뿌리가 같은 정당이다.

이번 방문은 호남에서의 의원 연수, 박근혜 대표의 잦은 호남 방문, 호남에 제2지역구 갖기, 서울 자치구와 전남 시군의 자매결연, 5.18묘지 집단 참배 등 일련의 행사의 연장선상이라고 볼 수 있다.

호남에 다가서기 위한 한나라당의 노력 자체는 나쁘게 보거나 반대하지 않는다. 그러나 지역 문제는 뿌리가 있고 가해자와 피해자가 엄연히 존재하는데, 이런 역사성을 무시하고 정치적 필요에 따라 여는 표면적이고 단발적인 이벤트는 바람직하지 않을뿐더러 무슨 효과가 있을지 의문이다. 문제의 뿌리는 놔두고 가지만 손대서는 치유할 수 없다.

서진정책이라는 명칭도 문제이다. 호남을 한나라당의 집권을 위한 영토확장의 대상으로 보는 의식이 담겨 있는 용어이다.

박정희 대통령 시절부터 수십 년간 지속된 극심한 호남 차별로 인해 호남은 소외와 낙후의 대명사가 되었다. 1980년 신군부의 광주항쟁 무력진압 및 지역감정 뒤집어씌우기와 김대중 사형선고로 호남의 소외는 극에 달했다. 지금 노무현 정권에서도 호남 소외는 계속되고 있다. 전남, 전북 각각 인구 200만 명이 붕괴된지 몇 년 되었고, 올해 1/4분기에도 전북은 9천 명, 전남은 7천 명의 순감소로 각각 전국 1,2위를 기록했다. 전남북이 각각 매년 군 단위 하나가 없어지는 셈이다. 인구감소는 국회의원 수의 감소로 이어져 대변하는 정치 세력의 약화로 연결된다. 인구가 모든 것을 말해준다. 인구감소는 먹고 살 것이 없다는 이야기이다.

수십 년간 지속된 호남 차별과 명예훼손, 김대중에 대한 용공조작과 흑색선전, 이런 것들이 호남 사람들 가슴 속에 한을 남긴 것이다. 이런 모든 것의 중심에 당명만 바뀐 한나라당이 있다. 박정희의 공화당, 전두환의 민정당, 한나라당은 이런 정당에 뿌리를 두고 있다.

한나라당은 하의도 생가 방문을 하는 것은 좋으나 유람하듯이 또는 대권을 위한 정탐을 하는 기분으로 가서는 안 된다. 서남해의 파고가 만만치 않을 것이다.

YS와 DJ의 화해를 시도할 목적으로 서울, 광주, 대구를 돌며 세미나를 하고 두 분의 업적을 재평가한다는 보도가 있다. 어르신들이 서로 화해를 하는 것은 좋으나 이것은 지역 문제의 본질은 아니다. 지역 문제는 박정희와 김대중 사이의 문제이다. 김영삼과 김대중 사이에는 지역문제가 아니고, 민주화 투쟁의 동지이자 라이벌이다. 김영삼 전 대통령은 영남을 대표하는 분이 아니다. 지역 차별의 뿌리는 박정희 전 대통령이고 마침 그 분의 따님이 한나라당 대표이고 대권도전을 앞두고 있기 때문에 박정희와 김대중의 화해가 향후 지역 문제를 푸는데 큰 도움이 될 것으로 본다. 김대중 전 대통령도 인사차 찾아온 박근혜 대표에게 '지역 문제를 해결할 수 있는 좋은 여건이 당신에게 있다' 라는 덕담 겸 주문을 한 것으로 언론에 보도된 바 있다.

(2005.5.24)

얼마 안 가서 이번에는 한나라당에서 민주당과 합당을 해야 한다는 주장까지 나왔다. 홍준표 의원이 나선 것이다. 지역구도 타파를 명분으로 내세웠다. 노 대통령이 지역구도 타파를 위해 열린당과 한나라당의 연정을 내세운 것과 대조를 이루었다.

프로포즈를 받았으니 즐거워해야 할지 어쩔지 난감했다. 가만있으면 그만이지만 꼭 그렇지만도 않다. 열린당 쪽에서 이른바 한민합당 또는 한민공조 어쩌구 하면서 악용하면 민주당은 가만히 앉아서 손해를 보기 때문이다. 그래서 다음과 같은 논평을 냈다.

〈촌철살인 논평〉

한나라당의 합당론에 대해

한나라당과 민주당은 뿌리를 따져보면 한국 정치를 이끌어온 양대 정당이다. 과거에 견원지간일 때도 있었지만, 민주당도 집권 경험이 있고 한나라당도 야당을 하는 지금 로미오와 줄리엣 집안처럼 원수로 지낼 필요는 없다고 생각한다.

민주당은 한나라당과 노선과 뿌리가 다르다. 정당의 정체성을 무시한 무원칙한 합당은 정치 발전에 도움이 되지 않는다.

열린당과 한나라당의 공통점은 합당을 주장하면서도 과거의 일에 대해 미안하다는 말은 죽어도 하지 않는다는 점이다. 아마도 민주당을 일시적 이용대상으로 보는 게 아닌가 하는 의구심이 든다.

민주당은 열린당 한나라당 등 다른 당의 2% 부족한 부분을 채워주는 갈증 해소 음료수가 아니라는 점을 분명히 말씀 드린다.

(2005.7.14)

이어서 좀 색다른 제안이 나왔다. 맹형규 정책위의장이 '빅 텐트 연합'이라는 말까지 만들어서 김대중 전 대통령과 민주당을 포함해서 반노연합을 하자는 제안이었다. 민주당이 반노행보를 하는 것은 맞지만 무조건 반노를 하는 것은 아니다. 설사 반노라 하더라도 한나라당과 손잡고 반노를 할 수는 없는 것이다.

〈촌철살인 논평〉

빅 텐트든 천막 당사든 민주당은 관심이 없다

한나라당에서 '빅 텐트 연합'이라는 말까지 만들어서 김대중 전 대통령과 민주당을 포함해서 반노연합을 하자는 제안이 정책위의장으로부터 있었다. 오해가 없도록 분명하게 짚고 넘어가겠다.

노무현 대통령은 민주당을 깨고 나갔지만 민주당은 노 대통령이 잘하는 것은 지지하고 잘못하는 것은 국민의 입장에서 비판하고 반대하는 시시비비 노선, 민주당의 독자노선을 간다.

민주당은 한나라당과 뿌리가 다르고 노선과 미래비전도 다르다. 어떠한 형태이든지 간에 한나라당과 연합하는 것은 있을 수 없다. 한나라당은 빅 텐트든 천막 당사든 간에 김대중 전 대통령과 민주당을 끌어들일 생각은 아예 하지 않는 것이 좋을 것이다.

(2005.8.29)

이 후로 한나라당의 구애 공세는 사라졌다. 아마도 쉽지 않으리라는 생각이 들었을 것이다. 그러나 연대나 합당이 성사되지 않더라도 제안 자체만으로도 한나라당은 손해가 아니다. 끊임없는 화해 노력을 선전하는 것만으로도 의미가 있다고 여길 것이다.

해가 바뀌어 지방선거도 지나고 한나라당의 새 대표로 대구 출신의 강재섭 의원이 선출되었다. 강 대표는 광주를 방문하여 처음으로 호남에 대해 당 차원의 사과를 했다. 민주당은 작지 않은 의미가 있다고 공식 논평했다. 그러나 사과의 수준이 미미 하다는 지적과 함께 말로만이 아닌 호남에 대한 구체적 발전대 책을 내놓을 것을 주문했다. 결자해지 차원의 대책이 없는 한 대선을 의식한 립서비스에 그칠 것이라는 점을 모르는 사람은 없을 것이다.(87페이지 참고)

9월 들어 한화갑 대표가 한나라당내 의원 모임인 '국민생각' 으로부터 초청을 받고 참석하여 강연을 한 '사건'이 발생했다. 이런 일은 처음이라서 사건이라면 사건이었다. 이 자리에서 한 대표는 "뜻이 맞을 경우 민주당과 한나라당이 정책공조를 할 수 있고 양당 지지자들의 정서에 따라서 '정서연합'을 할 수 있다." 고 말했다. '한민공조'라는 말에 짓눌려 한나라당의 좋은 정책 까지 반대하는 일은 없을 것이라는 취지의 말도 덧붙였다. 물론 합당 가능성에 대한 질문에 '불가'라고 답변했다. 매스컴이 대 서특필하고 나왔다. 합당불가는 보도하지 않고 정책공조를 부각 시켰다. 마치 합당이라도 될 것처럼 난리였다. 열린당도 이를 비 난하고 나섰다. 나는 평화방송과의 대담에서 다음(88페이지 참 고)과 같은 취지로 말했고 이 역시 언론에 크게 취급되었다.

한나라당의 대호남 사과에 대해

1960년대 초부터 30년 이상 지속되어 온 영남 중심의 군사정권(정당으로는 한나라당의 전신이랄 수 있는 공화당, 민정당, 민자당 정권)이 호남을 경제적으로 소외시키고, 인재등용에 있어서 차별했고, 또 정치적으로 탄압했고, 그럼으로써 호남 사람들에게 물질적인 피해와 정신적인 상처를 줬던 엄연한 사실에 비춰볼 때 강 대표의 표현은 인색하다는 느낌을 준다.

그러한 소외와 차별과 탄압의 결과 이미 호남의 경제적인 낙후현상은 구조적으로 고착화되어 있다. 이런 데 대한 구체적인 해결책과 지역 균형 발전 대책이 제시되지 않은 점은 대단히 유감이다. 오늘 사과와 함께 최소한 불균형 시정의 강력한 의지 표명이라도 있었어야 한다.

구체적으로는 호남고속철 조기 착공, 광주 문화중심도시 조성, 여수 해양 EXPO 유치, J프로젝트, 새만금 개발사업 등 호남의 핵심 현안 사업에 대한 예산 지원 대책을 한나라당은 조속히 내놓기 바란다.

한나라당은 과거 대통령 선거를 앞두고 호남 껴안기를 시도했다가 선거 뒤에는 호남의 핵심 사업 예산 삭감 지침을 내린 적도 있다. 2004년도 정기국회 때 호남 예산 삭감하고 영남 예산 증액하라는 당의 지침이 발견되어서 물의를 빚는 등 이중성을 보여 왔다.

한나라당은 이번 당 대표의 포괄적인 사과가 대선을 의식한 정략적 립서비스에 그치지 말고, 낙후된 호남의 발전 대책을 구체적으로 보여주기 바란다. 지역 간의 사회·경제적인 불균형이 시정되면 지역감정의 골은 자연스럽게 사라지고 국민통합이 앞당겨질 것이다.

국가와 국민을 위한 공조

[평화방송(2006. 9. 13)]

한나라당이든 열린당이든 민노당이든, 심지어 공산당까지도 뜻이 맞으면 협력할 수 있는 것 아니냐. 공산당 만나는 것도 문제가 안 되는 시대에 민주당이 한나라당을 만났다고 비난하는 것은 세상을 거꾸로 사는 것이다. 민주당을 짓밟고 나간 열린당이 이제 와서 아쉬우니 민주당에 춘향이 노릇을 해달라고 한다.

영남과 호남을 기반으로 하는 정당이 로미오와 줄리엣 집안처럼 철천지 원수로 지내던 시대는 지났다. 민주당은 좋은 정책에 대해서는 한나라당이든 열린당이든 국가와 국민을 위해 협조하고 공조할 것이다.

영남은 물론 호남 지역에서도 반응이 좋았다. 과거 같으면 호남에서 비난의 목소리가 많이 나왔을 텐데 그렇지가 않았다. 그만큼 세상이 바뀌고 있다는 증거이다.

문제는 그 다음에 나왔다. 이런 분위기에 고무된 듯 유력 대권주자인 이명박 전 서울시장과 강재섭 한나라당 대표가 양당의 합당이 바람직하다고 말함으로써 급기야 한민합당의 가능성이 언론에 전면 부각되었다. 합당은 말도 되지 않을뿐더러 이런 분위기가 지속되면 자칫 민주당은 공중분해될 위기에 빠질 수도 있다. 부랴부랴 국회 기자실로 달려갔다.

이번에는 합당이 불가능한 근본 이유를 설명하고 한나라당의 저의를 꼬집었다. 그리고 어떠한 어려움이 있더라도 민주당은 민주당의 길을 간다는 의지를 분명히 했다. 소위 한민합당과 관련한 이론적 총정리를 하는 심정으로 다음과 같이 논평했다.

한나라당 대표의 부적절한 합당 언급

수차 발표한 바와 같이 민주당과 한나라당의 합당은 가능하지도 않고, 매우 바람직하지 않은 일이라는 것을 다시 한 번 밝힌다. 양당의 합당이 바람직하지 못한 이유는 다음과 같다.

두 당은 해방 이후 50년 간 한국 정치를 이끌어온 양대 산맥이다. 뿌리도 다르고 노선도 다르다. 구체적으로 말하면, 한나라당은 독재를 해왔고, 민주당은 반독재 민주주의를 위해서 투쟁해 왔다. 또 한나라당은 관치경제를 해왔고, 민주당은 시장경제를 주장했다. 그 결과 지금 오늘 이 나라에 민주주의와 시장경제가 뿌리를 내리게 된 것이다. 또 중요한 것은 남북관계에 있어서 한나라당은 남북대립이었고, 민주당은 화해·교류·평화통일을 추구해 왔다. 민주주의와 시장경제, 남북화해, 이 세 가지는 민주당이 한국 정치에 남긴 3대 업적이라고 할 수 있다. 한나라당은 50년 간 그 반대편에 있었다.

지금은 과거의 독재 대 반독재 투쟁의 관계는 지나갔다. 그렇기 때문에 민주당과 한나라당은 이제 국가와 국민을 위해서 선의의 경쟁을 해야 할 관계이다. 합당을 해야 할 관계가 아니다. 만의 하나 두 당의 합당이 이루어진다고 가정하면, 이것은 이종교배(異種交配)로서 어떤 괴물이 나올지 알 수 없다.

한나라당이 우선 정권부터 잡고 보자는 생각에서 민주당과의 합당을 주장하는 것이다. 서동요처럼 자꾸 이야기를 해서 퍼뜨리고 침 바르고 해서 내 것으로 만들려고 하는 수법이다. 남이야 죽든 말든 나만 살고 보자고 하는 대단히 이기적인 발상이고 근시안적인 주장이다.

민주당은 어떠한 일이 있더라도 민주당의 길을 간다. 민주당의 중도개혁주의 노선만이 국민통합과 안정적 경제발전을 이룩할 수 있는 노선이다. 이러한 노선은 아무리 상황이 어려워도 절대 포기할 수 없다는 것을 분명하게 밝힌다. 이 문제는 앞으로 더 이상 거론되지 말아야 한다.

(2006.9.21)

민주당과 한나라당의 합당은 적어도 향후 수년 안에는 어려울 것이다. 수십 년 얼어붙은 두터운 빙벽은 하루아침에 녹아 없어지지 않는다. 이것이 엄연한 현실이다. 그러나 영남과 호남은 과거의 대립에서 벗어나 점점 가까워지고 있는 것만은 분명해 보인다. 이것만도 큰 발전이고 다행이라고 생각한다. 하지만 양 지역 주민들 간에 공감대가 이뤄지지 않으면 정당으로서는 어떤 정치적 행위도 어려울 것이다. 영국의 시인 키플링(J.R.Kipling)은 '동은 동 서는 서, 이 둘은 영원히 만나지 못하리.' 이렇게 노래했다. 그러나 동서양도 점차 섞이고 있다. 영호남은 더 이상 말할 필요가 없다. 속도는 더디더라도 동서화합의 대의는 누구도 거역할 수 없을 것이다.

3장

지역구도를 어떻게
극복할 것인가

영원한 어젠다

지역구도, 다시 말해서 호남의 문제는 나의 정치에 있어서 큰 화두로 작용하고 있다. 영남 사람 노무현의 일을 자진해서 도왔던 것도 이와 깊은 관련이 있다. 한국에서 호남은 무엇인가, 호남의 문제를 정치에서 어떻게 다루어야 하는가, 호남 출신이 아닌 사람들에게 어떤 논리로 어떻게 말해야 효과적일까 등등 고민이 늘상 머릿속에 맴돌고 있다. 그러한 고민의 일단을 다음 글에 담았다. 새정치연대 주최의 토론회에서 '지역구도를 어떻게 극복할 것인가' 라는 제목으로 발표한 내용이다. 호남의 문제는 특정 지역의 문제가 아니라 한국의 문제이다.

지역구도를 어떻게 극복할 것인가

'지역구도'라는 말 앞에는 관용적으로 '망국적'이라는 수식어가 붙는다. 특히 노무현 대통령이 그렇게 사용한다. 지역구도 때문에 나라 망한다는 말이다. 정치적 필요에 의해 확대, 과장한 면이 있는 것 같다.

얼마 전 청와대의 한 고위인사는 양극화 문제와 IMF 위기, 심지어는 성수대교 붕괴까지 지역구도에 따른 정책 결정 결함 때문이라고 말했다. 지역구도가 모든 악의 근원이라는 말이다. 이른바 대연정 제안은 지역구도에 기인한 정책 결정을 해소하기 위한 것이라는 설명도 덧붙였다. 나라 망해먹는 지역구도를 타파하는 대연정은 결국 구국의 결단이라는 말이다.

노 대통령이 전국민을 지역주의의 노예로 전락시키면서까지 지역구도 극복에 정권의 사활을 거는 것처럼 말하는 이유가 무엇일까? 아마도 국정 실패의 책임을 누군가, 어디엔가 전가하고 싶은데 구체적인 사람이나 단체에 떠넘기면 반발이 예상되므로 인격이 없는 '지역구도'란 자(者)를 택한 게 아니냐는 생각이 든다. 정권을 끌고가는 데는 늘 어젠다가 있어야 하는데 현정권이 미래지향적 어젠다와 건설적 비전의 결핍을 이런 식으로 위장하는 것은 아닐까 하는 생각도 든다.

그렇다면 현재의 지역구도를 어떻게 진단해야 하는가? 지역구도를 좋은 것이라고 말하는 사람은 없을 것이다. 폐해가 심한 것도 사실이다. 그렇다고 나라 망해먹는 요물이라고 진단하는 것은 무리가 있다.

한국 뿐 아니라 서유럽 선진국에도 지역 기반 없이 성장한 정당은 없다. 영국의 경우 잉글랜드 지역은 보수당의 절대 우세인 반면 스코틀랜드와 웨일즈는 보수당이 단 한 석도 없을 정도로 노동당의 절대 아성이다. 독일의 경우 북부, 남부, 중북부로 나누어 각 정당이 절대 아성을 구축하고 있다. 심지어 두 정당이 60년 가까이 상대 아성에서는 상호간에 당 조직을 전개하지 않기로 협정을 맺어 지키고 있다. 프랑스도 북동부는 공화국 연합의 강세, 남부는 사회당의 싹쓸이 지역이다. 이태리도 북부, 남부, 중부로 나누어 각 정당이 분점하고 있다. 정치의 지역구도는 우리만의 '망국적' 현상이 아닌 것은 분명하다. 그러나 대연정을 하고 정치제도를 화끈하게 뜯어고친다고 지역구도가 해소되지는 않을 것이다. 그렇게 쉽게 해결된다면 애당초 '망국적'이라고 하지도 않았을 것이다. 어느 한 정당이 특정 지역 의석을 싹쓸이하는 제도는 분명히 바꿔야 한다.

선거제도 개편 논의의 핵심으로 표의 등가성을 확보할 수 있는 독일식 정당 명부제의 도입과 미국의 상원처럼 지역등가성을 확보할 수 있는 도농 병존의 선거구제를 도입할 필요가 있다. 인구가 적은 농촌지역은 인구와 상관없이 군 단위로 선거구를 인정해주자는 의미이다.

노 대통령이 수시로 민주당을 지역정당으로 매도하고 심지어 "호남당을 벗어나기 위해 열린우리당을 창당했다."고 말한 것은 지역주의 해소에 도움이 되지 않는다. 당시 민주당은 호남은 물론 서울 경기 인천 강원 제주에서 제1당이었고 충청에서도 의미 있는 의석을 가지고 있었다. 다만 영남권만 의석이 없었다. 굳이 지역구도로 표현하자면 '비영남 전국정당'이지 '호남당'은 아니었다. 당시 민주당은 영남을 지역주의라고 비난한 적도 없고 한나라당을 영남당이라고 매도한 적도 없다. 그리고 영남에서 지역구 의석만 없었을 따름이지 비례대표 상위 순번에 영남 출신을 많이 배치함으로써 영남권을 커버했다. 민주당의 5년간 집권과 정권 재창출에도 불구하고 호남은 여전히 경제적인 소외를 면치 못하고 있다. 전북에 이어 전남도 인구 2백만이 무너졌다. 인구의 대외 유출 1,2위를 기록하고 있다. 각각 매년 3만명 이상의 인구가 줄고 있다. 전남북이 매년 각각 군 단위 하나가 없어지는 셈이다. 인구가 모든 것을 말한다. 한마디로 먹고 살 것이 없다는 이야기이다. 인구 감소는 대변할 정치 세력의 약화로 이어져 악순환이 반복되는 것이다. 시도별 재정자립도는 전남이 14%로 꼴찌이고 전북이 18%로 그 다음이다. 행자부의 낙후 지역 선정지표 계산 공식에 따른 전국 234개 시군 구의 활력도 조사 결과도 마찬가지이다. 전남 1위인 목포는 전국 87위, 광주 1위인 서구는 전국 79위에 그쳐 있다. 전남은 하위 50위 안에 전체 22개 시군구 중 64%인 14개가 포함되어 있다. 전북도 하위 50위 안에 전체 14개 시군 중 57%인 8개가 포함되어 있다. 영호남의 SOC 격차는 말할 수 없이 심하다.

이런 엄연한 사실을 외면한 채 정치 제도만 바꾼다고 지역문제가 해결되고 대연정만 실시하면 지역구도가 해소된다고 생각하는 것은 큰 잘못이다. 경제 사회적인 불평등을 해소하는 것이 지역문제의 근본적 해결책이다.

(2005.10.18)

호남이 없으면 민주당이 없다

노무현 대통령은 호남당 소리 듣기 싫어서 열린우리당을 창당했다고 말했다. 민주당이 호남당이라니, 이는 사실과 다른 모략이다. 민주당은 원래 사실상의 전국정당이었다. 2000년 16대 총선에서 호남은 물론 서울, 경기, 인천과 강원, 제주에서 제1당이었고, 충청에서도 의미 있는 의석을 확보했다. 다만 영남에서만 한 석도 얻지 못했는데, 그것도 비례대표 상위 순번에 영남 출신을 대거 등용하여 그 한계를 극복했다. 한나라당과는 차원이 다른 전국정당의 면모를 갖추고 있었다.

민주당과 호남의 관계는 여느 정당과는 차원을 달리 한다. 암울했던 시절 상호간에 유일한 의지처요 순망치한의 관계였다. 호남의 절대 지지 없이 민주당이 존립할 수 없었고, 민주당마저 없었다면 호남은 더욱더 천덕꾸러기 신세를 면치 못했을 것이다. 이런 역사적 관계를 부인해서는 안 된다. 민주당은 이 땅의 소외 계층을 앞장서 대변해왔고, 이는 호남 현지 및 수도권의 호남인들과 필연적으로 중첩된다. 민주당은 호남에 뿌리를 둔 정당으로서 그 때나 지금이나 전국정당을 지향한다.

민주당은 5.31 지방선거에서 '빼앗긴 정치적 고향' 호남을 되찾고 7.26재보선에서 조순형 전 대표의 국회의원 당선으로 전국정당 부활의 첫 발을 내디뎠다. 반면 열린당은 '타향살이' 노래의 가사처럼 '부평초 신세'가 되었다. 부평초(浮萍草)란 뿌리 없이 물 위에 둥둥 떠다니는 풀로 순수 우리말로는 '개구리밥'이다. 전국정당은커녕 고향 없는 정당이 되어 버린 것이다. 전국적으로 배척받는 정당을 전국정당이라고 할 수 있을까.

영남 출신 노 대통령의 '호남당' 운운에는 호남에 대한 멸시와 비하 의식이 짙게 배어 있다. 이 분의 언론특보로서 대변인 역할까지 했던 내가 민주당 분당 및 열린당 창당을 온 몸으로 반대하면서 선두에 서서 민주당을 사수했던 가장 큰 이유도 바로 여기에 있다. 민주당은 50년 동안 국민과 고락을 함께 해온 유일한 정당이다. 특히 김대중 선생이 직접 당을 이끌던 평민당 때부터는 호남 대중의 한과 설움을 대변해왔고 첫 정권 교체의 감격을 함께 나눈 사이이다.

5.31 지방선거 직후 동교동 자택을 찾아 '민주당의 나아갈 길'에 대해 물은 한화갑 대표에게 김 전 대통령이 해준 말은 의미심장하다.

"국민이 원하는 바에 따라 정치를 하라. 특히 호남사람들이 무엇을 원하는지를 잘 파악하여 따르는 것이 가장 중요하다."

핵심을 찌른 충고이자 민주당과 호남의 관계를 상징적으로 잘 나타내주는 말이다. 그 분은 장사에 있어서 단골의 중요성을 누구보다도 강조하는 분이다. 그 분 스스로도 엄혹했던 시절 호남의 절대적 지지가 없었던들 살아남을 수 있었을까. 민주당은 호남의 지지를 잃는 순간 모든 것을 잃는다. 반대로 호남의 지지가 있는 한 어떤 경우에도 생존이 가능하다. 약무호남 시무민주당(若無湖南 是無民主黨; 호남이 없으면 민주당이 없다)이요 물과 물고기의 관계라고 해도 과언이 아니다.

민주당이 호남을 대변하는 것은 하나도 이상할 것이 없다. 호남이 어떤 곳인가. 민족의 독립을 위해 앞장서 싸우고 민주주의를 위해 피 흘려 싸운 의로운 고장이다. 독재정권의 핍박을 받아 수십 년 간 사회·경제적 소외를 받은 결과 지금도 어려움을 겪고 있는 곳이다. 그러면서도 그 의기를 꺾지 않는 의향(義鄕)이 아닌가. 사회·경제적 약자를 대변하는 정당이 있다는 것은 국가균형발전을 위해서도 바람직한 일이다.

그러나 거듭 강조하건대 민주당은 호남을 대변하고 호남을 기반으로 하고, 호남의 정신을 지주로 삼고 있지만 결코 호남에 머무르려고 하는 것이 아니다. 김대중 전 대통령이 그랬던 것처럼 전국정당을 지향한다. 다시 한번 국가와 국민에게 봉사할 기회를 갖기 위해 노력하고 있다.

집착이냐 애착이냐

2005년 1월초 〈오마이뉴스〉에 '민주당은 왜 그토록 호남에 집착할까.'라는 제목의 기사가 실렸다. 민주당이 지역감정의 포로인양 묘사되었다고 판단한 나는 즉각 반론을 기고했다. 이런 문제에서 한 번 밀리면 그렇게 낙인찍히고, 한 번 낙인찍히면 만회할 기회도 없다. 그렇기 때문에 그 때 그 때 야무지게 반론을 제기하여 눌러놓아야 한다. 그래야 함부로 민주당을 폄하하는 행위를 할 수 없다. 논리적으로 반론을 하지 못하면 호남인들은 물론 당원들까지도 그렇게 인정하게 된다. 그리고 국민들 사이에서, 특히 식자층에서 민주당은 지역주의 정당으로 고착되어버린다. 그리되면 노무현의 분당 논리가 정당화되어 민주당은 존재 근거를 상실하게 된다.

반론문에서 나는 호남에 대한 민주당의 관계를 '집착'이 아닌 '애착'이라고 바꾸어 표현했다. 그리고 지역 기반 없이 성장한 정당은 없다는 것을 예시하면서 '민주당이 소외 지역을 대변하고 약자에게 애착을 갖는 것이 무엇이 잘못인가?'라고 강한 어조로 따졌다.

[반론] 민주당의 호남애착이 뭐가 잘못인가

[오마이뉴스(2005. 1. 7)]

〈오마이뉴스〉가 '민주당은 왜 그토록 호남에 집착할까?' 라는 기사를 통해 민주당을 매도한 것은 유감이다. 민주당은 호남에 집착하는 것이 아니라 호남에 애착을 갖고 있다. 민주당의 호남 애착이 뭐가 잘못인가?

"지역 기반 없이 성장한 정당은 없다"

첫째, 한국뿐 아니라 서유럽 선진국에도 지역기반 없이 성장한 정당은 없다. 영국의 경우 잉글랜드 지역은 보수당의 절대 우세인 반면 스코트랜드와 웨일즈는 보수당이 단 한 석도 없을 정도로 노동당의 절대 아성이다.

독일의 경우 북부는 사민당, 남부는 기사련, 중북부는 기민련의 절대 아성이다. 심지어 기사련과 기민련은 1948년부터 상대 아성지역에서는 상호간에 당조직을 전개하지 않기로 협정을 맺어 지금까지 지킬 정도로 지역정당을 공식화하고 있다.

프랑스의 경우 북동부는 공화국연합의 강세, 남부는 사회당의 싹쓸이 지역이다. 이태리의 경우 북부는 북부동맹당, 남부는 기민당, 중부는 좌익민주당이 분점하고 있다.

미국의 경우도 공화당과 민주당이 각각 남북으로 나누어 전통적인 강세를 유지하고 있다. 이처럼 정당이 특정 지역을 기반으로 하여 발전을 도모하는 것은 세계적 현상이다.

둘째, 더욱이 특정 지역이 오랜 기간 소외와 탄압을 받아왔고 지금도 여전히 낙후된 지역이라면 더욱더 탓해서는 안 된다. 전북에 이어 전남도 얼마 전 인구 2백만이 무너졌다. 전남의 경우 매년 곡성군 정도(3만여 명)의 인구가 지속적으로 줄고 있다.

각종 통계를 들먹일 필요도 없이 인구가 모든 것을 말한다. 먹을 것이 있다면 왜 인구가 줄겠는가. 다시 말해서 민주당은 강자의 이익을 대변하는 것이 아니다.

셋째, 민주당과 호남의 관계는 여느 정당과는 전혀 차원을 달리 한다. 암울했던 시절 상호간에 유일한 의지처요 순망치한의 관계였다. 호남의 절대적 지지 없이 민주당이 존립할 수 없었고, 민주당마저 없었다면 호남은 더욱더 천덕꾸 러기 신세를 면치 못했을 것이다. 이런 역사적 관계를 부인해서는 안 된다.

"소외 계층에 대한 애착이 무슨 죄란 말인가"

넷째, 민주당은 이 땅의 소외 계층을 앞장서 대변해왔고, 이는 호남 현지 및 수도권의 호남인들과 필연적으로 중첩된다. 소외 계층에 대한 애착이 무슨 죄 란 말인가.

다섯째, 논리를 떠나 상식적으로 말하자면, 단골손님 챙기고 집토끼부터 단속 하는 것은 기본 중의 기본에 속한다. 일시적으로 떠나간 옛 친구를 다시 찾는 것 은 인지상정이다. 민주당이 자신의 뿌리를 잊지 않고 늘 챙기려고 노력하는 것 은 정치 이전에 인간적인 도리요 의리이다.

민주당은 분당과 총선의 과정에서 권력과 열린우리당에 의해 호남의 지역기 반을 강탈당하다시피 하는 아픔을 겪었다. 열린우리당의 총선 대박은 호남의 절대 지지 덕분이었다.

민주당은 호남의 외면이라는 청천벽력 앞에 뿌리째 흔들렸다. 이는 만가지 이 유를 떠나 궁극적으로 민주당의 책임이라고 나는 생각한다. 민주당이 다소 섭 섭하더라도 호남을 추호도 원망해서는 안 된다는 것이 나의 소신이다.

이제 열린우리당은 서서히, 꾸준히 호남에서 침몰 중이다. 정치적 무능을 따 지기 전에 인간의 도리를 저버렸기 때문이다. 지금 호남에는 배신감과 실망감, 그리고 수치심과 후회가 팽배해 있다.

이런 상황에서 민주당이 옛 지지기반이자 뿌리인 호남과 소외 계층에 애착을 갖고 챙기는 것은 정당한 생존전략이자 지극히 당연한 인간적 도리이다.

민주당의 궁극적 목표는 김대중 대통령이 그랬던 것처럼, 호남의 벽을 넘어서 대한민국을, 한반도를 껴안는 것이다.

약자의 이익은 대변해야만 한다

　　호남 지역 현안에 대해 열린당은 이상하리만큼 무관심이다. 전북의 국회의석 11석 전부, 광주 7석의 전부, 그리고 전남 13석 중 6석을 차지하고 있으면서도 크게 신경 쓰지 않는 것으로 여겨진다. 전국정당을 자처하느라 그러는가? 아마 그들이라고 나몰라라 하지는 않을 것이다. 그러나 무관심인지 무능인지는 몰라도 적어도 현안에 대해 별다른 성과를 내지 못하고 있는 것은 분명하다. 지역 언론에 심심하면 '지역 국회의원들 뭐하나?' 라는 기사가 나는 것만 보아도 알 수 있다. 다음은 〈남도일보〉에 기고한 '지역 현안과 민주당의 역할' 이란 제목의 글이다. 지금은 비록 소수당이지만 호남에 대한 민주당의 애정과 역할에 대해 실례를 들어 역설했다.

지역 현안과 민주당의 역할

[남도일보(2006. 1. 14)]

민주당이 광주 전남 시도민들로부터 받은 은혜는 실로 크다. 평민당 시절부터 아무 조건 없는 사랑을 받아왔다. 민주당은 지금 비록 소수야당에 불과하지만 현재의 신세를 한탄하거나 누구를 원망해서는 안 된다. 오히려 시도민의 은혜를 대리석에 새겨놓고 전심전력을 다해 보답해야 할 의무가 있다는 것이 필자의 솔직한 생각이다.

지난 연말 폭설 피해 복구와 새해 예산안 통과 과정에서 민주당은 국회의원 숫자는 작지만 의지를 갖고 최선을 다하면 지역을 위해 큰일을 할 수 있다는 것을 보여 주었다. 우리 호남은 사회 경제적 약자이므로 지역을 대변하는 정당이 꼭 필요함을 실감케 한 사례이다.

사례 1 폭설이 처음 내린 날이 지난해 12월 4일이었다. 민주당은 이틀 뒤인 6일 최인기 전남도당 위원장을 당 재해대책특별위원장으로 임명하는 등 발 빠르게 움직였다. 그 날 최 위원장과 이낙연 원내대표, 유종필 광주광역시당 위원장은 전남도청에서 기자회견을 열어 피해 지역을 특별재난지역으로 지정해 줄 것을 정부에 강력 촉구하고 피해 지역 상황파악에 나섰다. 정부는 처음부터 미온적으로 나왔다.

이후로 한화갑 대표의 기자회견과 다양한 채널을 통한 원내대표의 요구, 대변인 성명 등 모든 수단을 동원하여 특별재난지역 지정을 줄기차게 요구했으나 정부 여당은 '법에서 정하는 요건에 미달하니 어렵다'는 반응 뿐이었다. 과거 영남지역의 경우 이보다 덜한 피해에도 지정한 전례가 있음을 내세웠으나 역시 효과가 없었다.

민주당이 피해현장의 생생한 사례와 농민들의 어려움을 들어 끈질기게 요구하자 드디어 여당 당의장 겸 원내대표의 반응이 나왔다. 특별재난지역에 '준하는(near to)' 지원을 하겠다는 것이었다. 이를 수용하지 않고 요구를 계속하자 한 발 진전된 제안이 왔다. 특별재난지역과 '같은(same as)' 지원을 해주겠다는 것이다. 민주당의 원내대표는 이를 수용하지 않고 여당에 원내대표회담을 제안하여 불가피하게 새해 예산안과 연계하는 전략으로 밀고 나가서 성공시켰다. 마침내 특별재난지역 지정을 요구한지 23일만인 12월 29일 광주 전역과 전남 19개 시군 전북 14개 시군 등이 특별재난지역으로 선포되었다.

사례 2 호남고속철은 민주당 후보였던 노무현 대통령의 대선 공약이었다. 지난해 국무총리는 국회 답변에서 경제성이 없다는 이유로 착공 불가 입장을 밝혔다. 이 때부터 민주당은 틈만 나면 지역균형발전 차원의 접근을 주장했다. 경제성만 따진다면 경부고속철도 마찬가지로 불가라는 점을 지적했다. 끈질긴 주장이 받아들여져서 노 대통령이 공약대로 조기착공을 약속했다. 그러나 새해 예산안에 기초설계비 1백억 원만 반영되어 있었다. 사업이 제대로 진행되려면 향후 3년간 기초설계비만 1천5백억 원이 소요되는데 겨우 1백억 원이라니, 이런 식이면 또 공염불이 될 우려가 많았다. 호남선 복선화에 수십 년 걸린 불행한 전철을 밟을 가능성이 농후했다.

민주당 소속의 국회 예결위원인 김효석 정책위의장은 기획예산처 장관을 붙들고 예산 증액 필요성을 역설한 결과 당시 상황에서 최대인 3백억 원으로 증액을 하는 데 성공했다. 앞으로 정치 상황에 따라 호남고속철 건설이 실종되는 불행한 사태를 막기 위해서는 호남민 모두의 지속적 관심과 함께 지역 출신 정치인들의 노력이 요구된다.

사례 3 오는 6월 중순 광주에서 노벨평화상 수상자 정상회의가 열린다. 박광태 광주시장이 로마까지 가서 고르바초프 전 소련 대통령 등을 직접 만나 참석을 약속받아 성사된 것이다. 광주로서는 민주 평화 인권도시로서의 명성을 세계에 과시할 수 있는 절호의 기회이다. 그런데 가난한 광주로서는 예산이 문제였다. 시비 9억 원만으로는 부족하여 국비 7억 원을 요청했으나 본예산에 누락되어 있었다. 김효석 의원은 국회 예결위원장과 기획예산처 장관에게 국가적 행사임을 강조하여 그들로부터 외교통상부 예비비에서 7억 원을 지원하겠다는 확약을 받았다.

4장

노무현과 유종필

운명적 만남과 숙명의 대결

　나는 정치인 노무현이 '동서화합 국민통합'의 기치를 들고 힘 겨운 싸움을 벌여오고 있는 데 감동하여 2001년 6월 초 내 발로 걸어서 노무현 캠프에 합류한 사람이다. 그는 대권주자로서 별 로 주목받지 못 하는 군소후보의 한 사람이었다. 그의 사무실에 서 만나 다음과 같이 말했다. "저는 기능을 파는 사람이 아닙니 다. 혼을 바쳐 일하겠습니다." 흔히 대권주자라는 사람들을 찾 아서 여기저기 기웃거리는 사람의 하나로 나를 보지 말라는 뜻 을 그렇게 표현한 것이다. 그리고 언론특보를 맡아 '노무현의 입'으로 활동했다. 당시 여야 10여 명의 대권주자 치고 언론특 보 하나 없는 사람이 없었으나 그에게는 언론특보가 없었다.

　나는 그 때까지 그와 별 인연이 없었다. 연초 한 월간지에 실린 긴 인터뷰를 읽고서 내 생각과 거의 다른 점이 없음을 느꼈고, 그동안 그의 정치 행적과 언행을 볼 때 정직, 순수, 이런 것들의 냄새가 나는 점에 호감이 갔다. 매스컴을 통한 노무현의 인상과 이미지에 많은 영향을 받았다.

무엇보다도 그가 내세우는 '동서화합 국민통합'의 기치는 나를 강한 자력으로 끌어당겼다. 그 문제는 나의 큰 관심사였다. 그래서 별 인연도 없고 실리도 없는 그를 아무 조건 없이 돕기로 마음먹은 것이다. 기자들을 비롯하여 나를 아끼는 많은 사람들의 만류에도 불구하고 노 캠프에 합류한 것은 이런 큰 명분에 따른 것이다. 결국 그는 우여곡절 끝에 대통령이 되었고, 끝내 민주당을 버렸다. 반면 나는 그가 버리고 간 민주당의 대변인이 되어 그와 정면으로 대결하는 입장이다. 한 때 그 분으로부터 '보석과 같은 존재'라는 분에 넘친 찬사를 받았던 사람이 가장 치명적인 비판을 하는 입장에 서게 되다니 이는 분명 예사로운 일이 아니다. 이 역시 우여곡절이 있었다. 참으로 묘한 인연이다. 운명적인 만남이요 숙명의 대결인 것이다.

나는 노무현과 같은 길을 걸어가는데 노무현이 노선에서 이탈했다. 지난 1990년 1월 노무현은 김영삼 총재와 같은 길을 가다가 김영삼이 3당 합당을 하여 노선을 이탈할 때 따라가지 않음으로써 김영삼과 결별했다. 2003년 9월 나는 노무현과 같은 노선을 가고 있었는데 노무현이 민주당을 깨고 이탈할 때 노무현을 따라가지 않음으로써 노무현과 결별한 것이다.

결론적으로, 유종필이 친노에서 반노로 돌아선 것이 아니라 노무현이 민주당에서 반민주당으로 바뀐 것이다. 노무현은 민주당이 만들어준 대통령의 권력을 이용하여 민주당 죽이기에 나선 반면 유종필은 이에 맞서 작은 몸을 던져 민주당 살리기에 나섰다. 그래서 필연적으로 맞서는 관계가 된 것이다.

노무현은 대통령 후보가 되기 전에는 공석이나 사석에서 "민주당은 참 좋은 정당이다. 정강 정책도 이보다 더 좋기 어렵다."라고 민주당을 극찬하곤 했다. 특히 김대중 대통령의 노선과 정책에 대해 극찬을 아끼지 않았다. 김대중의 정책 가운데서도 대북 햇볕정책과 각종 사회복지 정책은 김대중이 아니고서는 도저히 할 수 없는 정책이라고 평가하면서 김대중의 정책을 계승, 발전시키겠다고 말하곤 했다. 특히 햇볕정책과 사회복지 정책만은 확고하게 계승하겠다고 말했다.

나는 당시 박지원 대통령 비서실장을 청와대로 찾아가 이러한 노무현의 뜻과 의지를 김대중 대통령에게 전해달라고 역설했다. 그 때마다 박지원은 수첩을 꺼내 적으면서 확실히 전하겠다고 말했고, 다음번에 만날 때는 김대중 대통령에게 전했다고 말했다. 대통령의 반응에 대해 내가 물으면 박지원은 "내가 반응을 말하면 당신이 정치적으로 이용하기 때문에 말하지 못 하겠다."고 대답하곤 했다. 당시 김대중과 동교동계는 노무현에 대한 불신이 많았는데, 나는 내가 옆에서 본 노무현에 대해서 생생한 사례를 들어가면서 설명함으로써 불신을 해소하려고 애썼고 어느 정도 성과가 있었다고 자평한다. 나는 박지원에게 "노무현은 절대 김대중을 배신할 사람이 아니다. 만약 배신한다면 나라도 나

서서 막을 것이며, 그럴 경우 내가 그와 함께 할 이유가 없다."라고 말했다. 박지원을 만나고 나면 매번 그 결과를 노무현에게 보고했다.

햇볕정책 하나만 놓고 예를 들자면, 노무현은 후보가 되기 전에는 햇볕정책을 극찬하면서 계승, 발전시키겠다고 했는데, 후보가 된 이후에는 2002년 10월 일본 언론인과의 간담회에서 "햇볕정책은 한계에 봉착했다. 명칭도 바꿔야 한다. 6.15 남북정상회담도 국내 정치에 이용했다."라고 말하여 이 내용이 국내 언론에 대서특필 되었다. 이 때 당과 대선기획단이 발칵 뒤집혔던 기억이 생생하다. 특히 그 날 아침 대선기획단 회의는 노 후보에 대한 성토장으로 변해버렸다. 그는 대통령이 되자마자 6.15 남북정상회담에 대해 수사하는 대북 송금 특검을 실시하였다. 한나라당이 대통령의 거부권 행사를 예상하고 통과시킨 특검법을 수용하면서 노무현은 '한나라당에 대한 선물' 이라고까지 말했는데 사실상은 한나라당의 주요 지지 기반이자 자신이 뚫고 들어갈 전략 지역인 '영남에 대한 선물' 인 셈이었다. 잘못된 영남 민심에 영합하여 햇볕정책을 한나라당에 팔아넘긴 것이나 다름없다.

국가 최고 지도자가 민족의 운명을 걸고 내린 결단에 대해 검찰 수사의 칼을 들이댐으로써 햇볕정책을 손상시키고 남북간 신뢰에 결정적 금이 가게 했다. 무엇보다도 민족의 문제를 정치적으로 이용한 것은 큰 과오라고 할 수 있다.

노무현은 민주당을 깨고 짓밟아 없애려고 했지만 실패했다.

노무현은 대통령이 되자 민주당의 중도개혁 노선에서 한참 빗나가는 행보를 보였다. 중도개혁노선은 건전 보수와 합리적 진보를 포용하는 국민화합의 노선이다. 중도개혁노선은 국민통합과 안정적 경제발전을 이룰 수 있는 노선으로서 이는 세계적인 추세이다. 노무현은 동서화합은커녕 호남마저 둘로 쪼개고 이념간, 세대간, 지역간 분열과 갈등을 유발하고 심지어 모든 국민을 내 편과 네 편으로 갈라서 내 편이 아닌 사람들에 대해서 적대감과 증오심을 불러일으키는 특유의 통치술을 구사하여 모든 국민을 분열시켰다. 국민통합은커녕 국민분열에 앞장섰다. 대한민국 정통성을 부인하는 듯한 역사인식과 전통적 동맹관계의 훼손, 자유민주주의의 기본 질서에 위배되는 각종 정책 등 얼치기 좌파 성향을 다분히 보였다. 참여정부의 국정 실패는 이런 잘못된 기조에서 비롯되었다.

대통령 당선 직후 노무현의 최측근들은 "대선 결과는 민주당의 승리가 아니라 노무현의 승리"라고 말했는데, 이 배은망덕한 언사는 결국 민주당의 분당으로 결말지어졌다. 1,200여만 명의 유권자가 '기호 2번 새천년민주당 노무현 후보'에게 투표한 엄연한 사실을 눈 딱 감고 부인해버린 것이다. 노무현은 민주당과 유종필을 배신했는데, 그보다 훨씬 큰 가치인 중도개혁주의와 동서화합과 국민통합을 배신했다. 서민 대통령을 표방했지만 실제 정책에 있어서는 중산층을 붕괴시키고 서민을 빈민으로 전락시킴으로써 중산층과 서민들을 배신했다.

노무현은 2002년 3월 16일 역사적인 광주 경선 연설에서 다음과 같이 말했다. "어떤 유권자 한 분을 만나니 '찍어 줄 테니 배신하지 말라.'고 하셨습니다. 네, 약속합니다. 제가 신세지기 전에도 의리를 저버린 적이 없습니다. 하물며 오늘 광주에서 일등을 한다면 그 얼마나 큰 은혜입니까? 이 얼마나 큰 빚이겠습니까? 제 한 목숨 다 해서 은혜 갚겠습니다. 그렇게 해서 저는 반드시 동서화합을 이룩해 내겠습니다. 저는 배신한 적이 없는 사람입니다."

이제 와서 생각하니 그 말은 사실상 배신의 예고탄이 아니었나 싶다. "호남 사람들이 나 좋아서 찍었나? 이회창씨 싫어서 나 찍었지.", "호남당 소리 듣기 싫어서 열린우리당 창당했다." 이런 말들은 배신을 넘어서 호남 사람들을 모욕하고 가슴에 못 박은 언행이다. 호남의 심장부이자 민주당의 심장부인 광주에서 영남 사람이자 민주당으로서는 적자가 아닌 노무현에게 승리를 안겨준 광주 시민의 뜻은 동서화합과 국민통합에 대한 비원과도 같은 염원이자 시대정신이었다. 노무현은 민주당을 쪼갬으로써 이러한 광주 시민의 뜻과 시대정신을 배신한 것이다.

광주 경선에서 예상을 뒤엎고 승리했을 때 나는 노무현과 부인에게 즉석 제안을 하여 무대 위에서 광주 시민을 향해 함께 엎드려서 큰절을 올렸다. 호남 출신 김대중이 그렇게도 이루려고 했으나 못 이룬 '동서화합 국민통합'을 영남 출신 노무현이 이루는구나 하는 생각으로 감격에 겨워 실제로 눈물이 나왔다. 그러나 그런 기대는 이미 흘러간 꿈이 되어버렸다. 아니 산산이 부서진 꿈이 되어버렸다. 참으로 허무한 느낌이다.

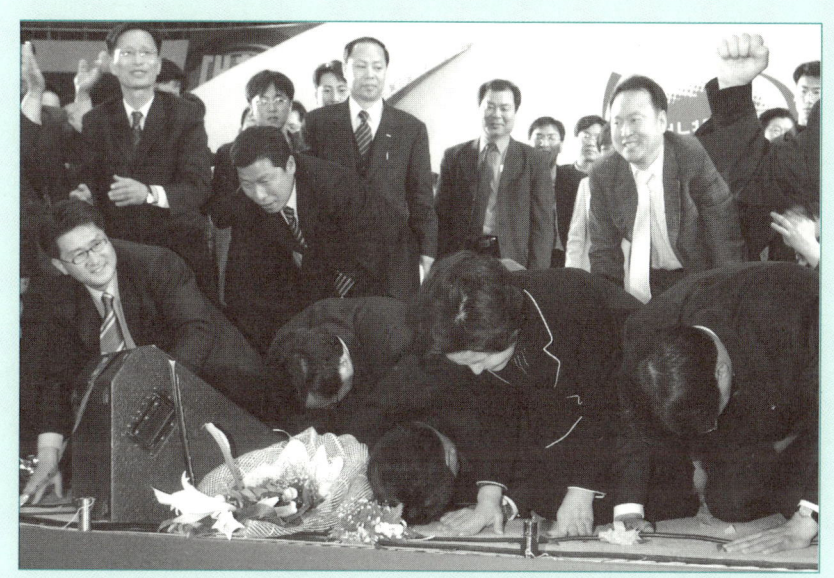

2002년 3월 16일 역사적인 광주 경선에서 노무현 후보가 1위를 차지한 직후 무대에서 광주 시민을 향해 큰절을 올리는 모습. 유일한 여성인 권양숙 여사의 왼쪽 옆에 머리를 바닥에 깊숙이 대고 있는 이가 노 후보이고, 그 왼쪽이 배우 문성근씨. 그 왼쪽에 머리를 들고 있는 사람이 필자. 큰절을 제안했던 필자는 잘 진행되고 있는지 살피기 위해 고개를 먼저 들었다. 〈오마이뉴스〉

　지금 민주당과 내가 고생하고 있는 것은 노무현 대통령을 만든 업보라고 생각한다. 따라서 너무 억울해 할 필요가 없다. 민주당과 나의 고통은 노무현 대통령 하에서 국민들이 받는 고통에 비하면 아무 것도 아니라는 생각이 든다.

　나는 대선 이후 노 대통령에게 사탕 하나 요구한 적 없고 찬물 한 그릇 얻어 마신 적 없고 이쑤시개 하나 빌려 쓴 적 없다. 그래서 더욱 떳떳하다. 정치에 있어서 지조는 생명과 같은 것이다. 나는 지조를 지킨 정치인이라는 평을 얻은 것으로 만족한다. 민주당 재건에 땀 흘린 사람으로 인정받는 것으로 자부심을 느낀다.

나는 분당 이후 민주당 대변인을 맡아 활동하면서 날마다 노무현 대통령과 진검승부를 한다는 각오로 임했다. 민주당을 지킨 것의 정당성을 보여주고 싶었다. 그러나 17대 총선에서 민주당은 참패하고 노무현당은 대성공을 거두었다. 이 무렵 나는 이 땅에 정의라는 것이 과연 존재하는가 하는 근본적 회의에 빠지기도 했다. 그러나 좌절을 딛고 곧바로 다시 일어나 대노투쟁의 최전선에 나섰다. 민주당 의원 입각제의, 합당론, 대연정론, 대북송금 특검 등 대형 정치 이슈가 제기될 때마다 노무현과 열린당의 잘못을 근본적으로 비판하고 그들의 그릇된 의도를 좌절시키기 위해 혼신의 힘을 다했다. 브리핑과 논평, 인터뷰, 방송출연, 언론 기고, 각종 토론회 등 모든 기회를 활용하여 민주당 재건의 정당성과 민주당의 가치를 피를 토하는 심정으로 역설했다.

2006년 10월 김대중 전 대통령이 "분당에 여당의 비극이 있다. 분당은 지지자들에게 승인받은 적이 없고 한국 정치의 후퇴를 가져왔다."고 말해 분당에 대한 명확한 심판을 내리고, 열린우리당 창당의 주역인 정동영, 김근태 전 당의장과 심지어 천정배 전 원내대표까지 열린우리당 창당이 실패했음을 자인함으로써 민주당과 나의 투쟁은 어느 정도 성공을 거두었다고 볼 수 있다. 무엇보다도 노무현 대통령 스스로 국정운영 실패를 사실상 자인하고 있는 현실이 모든 것을 말해준다. 5.31 지방선거의 결과도 이를 뒷받침한다. 그러나 민주당과 나의 투쟁은 여전히 현재진행형이다.

앞서 언급한 바와 같이 나는 노무현 대통령과의 관계에 대해 '운명적 만남과 숙명의 대결'이라고 스스로 정리해놓고 있다. 자잘한 이야기는 하고 싶지 않다. 가슴속에 이미 묻었다. 내 농익은 청춘의 일부를 바쳤던 그 시절, 좋았던 것도 추억이 되었고 나빴던 것도 추억이 되어 버렸다. 모든 것을 운명이라고 생각한다. 운명이 엇갈리면 인력으로는 어쩔 수 없는 것이다. 인간관계에 있어서 비공식적인 부분은, 어느 일방이 잘했으면 얼마나 잘했고 다른 일방이 잘못했으면 얼마나 잘못했겠는가 하는 생각이 든다. 이런 심정과는 별도로 공적인 부분은 냉엄한 것이기에 그 분과 내가 관계된 공적인 정치활동에 대해서는 나의 생각을 이상과 같이 솔직하게 표현해 보았다. 이 모든 것을 객관적 평가에 맡기고자 한다.

노 대통령이 성공한 대통령이 될 가능성이 그리 커 보이지 않는 상황에서 비탈길을 힘겹게 올라가고 있는 모습을 보면서 인간적으로 마음이 편치 않고 만감이 교차한다. 특히 여당의 중진들이 자기 하나 살기 위해 대통령 공격에 앞장서고 친노직계 측근이라는 사람들도 의리를 저버리는 장면을 보면서 진한 권력무상이 느껴진다. 그 많던 충신들은 다 어디로 갔는가? 만일 내가 노 대통령과 결별하지 않고 지금 함께 있다고 가정하면 어떨까? 나라면 그렇지 않을 것이라는 생각이 든다. 어떤 때는 한 번 만나서 허심탄회하게 모든 것을 털어버리고 싶은 생각도 든다. 아, 노무현 대통령!

아! 아! 블루스, 배신 블루스

　민주당 분당 직후 대변인에 임명되자 언론의 관심이 집중되었다. 수많은 언론이 인터뷰 요청을 해왔다. 한 때 '노무현의 입'으로 각광을 받았던 유종필이 노무현 신당에 합류하지 않은 것만도 화제거리가 되기에 충분한데, 필연적으로 노무현과 맞서야 하는 '민주당의 입'이 되었으니 스포트라이트를 받는 것은 당연했다.

　TV와 라디오의 시사 프로그램들의 출연 요청이 한꺼번에 몰렸다. 하루 2～3건의 대담을 통해 분당의 부당성과 노 대통령의 배신을 강력 비판했다. 민주당 지지자들의 격려와 성원이 뜨겁게 느껴질 정도였다. 반면 친노 성향의 인터넷 사이트에는 비난과 비방, 인신공격성 글들이 난무했다.

그러던 차에 노 대통령의 전 후원회장인 이기명 선생이 〈오마이뉴스〉에 '유종필씨, 당신의 영혼은 지금 어디에 있나요'라는 제목으로 나를 비판하는 장문의 글을 올렸다. 이 글에서 이 선생은 나에 대해 마치 영혼을 파는 사람인 양 묘사하면서 노무현이 배신한 것이 아니라고 주장했다.

그는 이미 전화를 걸어와 배신이라는 말을 쓰지 말 것 등 대통령 비판을 자제할 것을 요구한 바 있었다. 민주당 대변인에게 노 대통령의 최측근이 비판 자제를 요구한 것은 있을 수 없는 넌센스라 아니 할 수 없다.

아무튼 나는 좋은 기회라 판단하여 '누가 배신자이고 누가 배신당한 자입니까?'라는 제목의 반론을 실었다. 노무현과 유종필, 두 사람 중 하나는 배신자가 될 수밖에 없는 '외나무다리 승부'가 펼쳐졌는데, 이는 예정된 수순이었다.

"누가 배신자이고 누가 배신당한 자입니까?"

[오마이뉴스(2003. 10. 21)]

존경하는 이기명 회장님!

언제나 자상하고 다정다감하면서도 20대 청년 같은 열정을 간직하고 계시는 회장님, 저에 대한 공개 서한 잘 보았습니다. 여러 충고의 말씀 감사합니다. 거두절미하고 바로 본론으로 들어가겠습니다. 요체는 '유종필이 노무현 대통령을 배신했는가, 반대로 노 대통령이 배신했는가'의 문제입니다.

결론부터 말씀드리겠습니다. 노 대통령은 자신을 대통령으로 만들어준 당과 지지 세력, 즉 민주개혁세력을 둘로 쪼갰습니다. 그것도 부족하여 그 당을 반(反)개혁적 지역주의 정당이라고 매도했습니다. 지지자들을 지역감정의 포로인양 묘사하기도 했습니다.

저는 단언합니다. 정치인 노무현은 한국 정치사상 최고 최악의 배신을 감행한 것입니다.

지난 2001년 6월초로 돌아가 보겠습니다. 그 무렵 어느 날 저는 노무현 민주당 상임고문과 여의도 금강빌딩 내 사무실에서 얼굴을 마주보고 앉았습니다. 그 때 회장님께서도 배석하셨지요. 저는 사전에 준비한 말을 또박또박 꺼냈습니다. "저는 기능을 파는 사람이 아닙니다. 혼을 바쳐 일하겠습니다." 그리고 곧바로 언론특보로 일했습니다.

저는 그 때까지 그 분과 별 인연이 없었습니다. 연초 어느 월간지에 실린 꽤 긴 인터뷰 기사를 읽고서 제 생각과 거의 다른 점이 없음을 느꼈고, 그동안 정치 행적과 언행을 볼 때 정직·순수, 이런 것들의 냄새가 나는 점에 호감이 갔습니다.

무엇보다도 그 분이 내세우는 '동서화합 국민통합'의 기치는 저를 강한 자력(磁力)으로 끌어당겼습니다. 아무 조건 없이 저 자신을 던진 이유는 단 한 가지, 그 분이 자신의 희생을 무릅쓰면서 동서화합 국민통합을 지향하는데 감명 받았기 때문입니다.

2002년 3월 16일 민주당 광주 경선에서 예상을 깨고 노 후보가 1위를 차지했을 때 저는 노 후보와 부인께 즉석에서 제안하여 무대에서 광주 시민을 향해 함께 큰절을 올렸습니다. 호남 출신의 김대중이 그토록 이루려 했으나 이루지 못한 동서화합 국민통합이 이제 영남 출신의 노무현에 의해 이루어질 것 같은 기대감에 가슴 벅찼던 기억이 새롭습니다. 많은 국민이 광주 경선에 감동했던 이유도 이와 비슷했을 것입니다.

민주당의 분당 사태는 광주 경선을 만들어낸 광주 시민에게나, 광주 경선 결과에 감동받은 많은 국민들에게나 쓰라린 배신감을 안겨주고 있습니다. 이는 특정 지역과 특정 정당에 대한 배신의 차원을 넘어선 동서화합 국민통합에 대한 배신입니다.

이 기회에 분명히 밝힙니다. 첫째, 저는 노무현 개인에게 충성을 바친 것이 아닙니다. 그 분이 지향하는 가치, 즉 동서화합 국민통합에 충성했습니다. 금강캠프 시절 그 분께서 "우리 캠프는 어느 캠프보다 로열티가 강하다, 노무현 개인에 대한 충성이 아니라 내가 지향하는 가치에 대한 충성심이 강하다."라고 자랑스레 말했던 기억이 납니다.

둘째, 저는 그 분이 '민주당의 노무현'이기 때문에 도운 것이지, 다른 당이거나 무소속이었다면 제가 그 분을 위해 일한다는 것은 상상도 할 수 없습니다. 저는 노 대통령과 같은 길을 가고 있었습니다. 저는 가던 길을 계속 가는데 그 분이 갑자기 다른 길로 갔습니다. 그래서 노선이 달라진 것입니다.

지난 90년 3당 합당 때 노무현 의원은 YS와 같은 길을 가고 있었습니다. YS가 갑자기 다른 길로 갔습니다. 노 의원은 '옳지 않은 길'이라며 YS를 따라가지 않았습니다. 노무현이 배신자입니까, YS가 배신자입니까?

사랑의 배신, 사업상 배신, 정치적 배신……. 아름다운 배신은 어디에도 없습니다. 필부의 배신은 용서를 구해볼 수 있지만, 정치인의 배신은 사면복권도 되지 않습니다. 서양 속담에 배신자의 이름은 대리석에 새겨놓는다고 했습니다. 그만큼 가슴 쓰리고 뼈저리고 뇌리에 박힌다는 뜻이겠지요.

회장님께서 얼마 전 저의 방송 인터뷰를 들으시고 전화를 걸어와 "배신이라는 말을 꼭 사용해야 하느냐, 뭘 저버렸다는 식으로 풀어서 말할 수 없겠느냐?"라고 말씀했을 때 저는 참으로 안타까운 생각이 들었습니다. 그 단어에 그토록 민감하게 반응하는 이유는 회장님이나 저나 모두 알고 있었겠지요. 그러나 유감스럽게도 '배신' 외에는 달리 표현할 길이 없습니다.

노 대통령께서 "배신이라는 말로 지역감정을 부추기는 사람들이 있다."고 말했을 때도 참으로 안타까운 생각이 들었습니다. 회장님께서 배신이라는 단어에 민감한 것과 마찬가지라는 생각이 들었기 때문에 제가 안타깝다고 말하는 것입니다.

오늘날 신당의 핵심 인사들이 대선이 끝나자마자 "노무현의 당선은 민주당의 승리가 아니라 노무현의 승리"라고 말했을 때 정말이지 깜짝 놀랐습니다. 그 잘못된 인식이 민주당의 분당을 통한 신당 만들기로 결말지어졌습니다. 저는 처음부터 신당을 만드는 것은 잘못이라고 생각했습니다. 그렇지만 한때 노 대통령의 '입'으로 활동한 전력 때문에라도 어지간하면 신당에 참여할 수밖에 없겠지요. 그러나 워낙 명분이 없기에 도저히 그렇게 할 수가 없었습니다.

아시다시피 전략의 기본은 우리쪽은 단결시키고 상대쪽을 분열시키는 것입니다. 우리쪽을 쪼개는 전략은 손자병법에 있습니까, 할아버지 병법에 있습니까? 아니면 대체 어느 병법에 나오는 전략입니까? 전국정당을 만들기 위해 당을 깨야 한다면 한나라당을 깨야지 왜 엉뚱하게 민주당을 깹니까?

저는 한때 지근거리에서 보좌했던 분의 정치 행위를 배신이라는 치명적 어휘를 동원하여 비판하고 있습니다. 더욱이 그 분은 이 나라의 최고 권력 국가원수입니다. 제가 아무리 소신과 확신과 명분을 갖고 하는 행위라고 해도, 제가 아무리 사자의 심장을 가지고 있다 할지라도 어찌 내면의 떨림이 없겠습니까?

그러나 이는 저의 운명입니다. 제가 만든 운명이거나 제가 선택한 운명이 아닙니다. 강요된 운명입니다. 누가 저에게 이 유쾌하지 못한 운명을 강요했나요?

존경하는 이기명 회장님!

노 대통령의 측근을 자처하는 사람은 많습니다. 제가 보기에 회장님을 따를 사람은 없습니다. 5천만이 노 대통령에게 돌을 던질 때 마지막 한 사람 몸을 던져 대신 맞아줄 사람은 바로 회장님이라고 생각합니다. 저는 회장님의 그런 모습을 좋아합니다.

그렇지만 요즘의 회장님을 보면서 맹마청령(盲馬聽鈴; 눈 먼 말이 방울소리만 들으며 길을 가는 것)이라는 말이 떠오르는 것도 사실입니다. 잘잘못을 따지지 않고 좌든 우든 천당이든 지옥이든 무비판적으로 따라만 간다면 3김시대의 가신(家臣)과 무엇이 다르겠습니까? 우리가 금강캠프 시절 그리던 노무현 대통령과 노무현 정부의 모습은 현재와 같이 지리멸렬한 모습은 아닐 것입니다.

대단히 외람된 말씀이지만, 대선 이후 9개월 동안 야인(野人) 신분으로 관악산 골짜기에서 파묻혀 지내온 제가 보기에 노무현 대통령은 그 기간 동안 진실도, 열정도, 성실도, 순수도, 겸손도 모자란 것 같았습니다. 참으로 안타까운 날의 연속이었습니다. 회장님을 비롯한 측근들도 마찬가지로 보였습니다.

중국 격언에 노인 3명에게 물어보고 일을 하면 실수가 없다고 했습니다. 노인의 지혜와 신중함을 말하는 거겠죠. 회장님께서 부디 노무현 대통령 곁을 지키는 '노인 1명'의 역할에 충실해 주시기를 바랍니다. 건강과 행운을 빕니다.

"저는 기능을 파는 사람이 아닙니다"

　　앞서 언급한 이기명 선생은 방송작가 출신인데 국회의원 노무현의 후원회장을 지낸 분이다. 나이는 노 대통령의 10살 연상인데도 정신은 젊고 열정이 넘치는 분이다. 노무현의 왕팬이고 어떤 경우라도 노무현을 떠나지 않을 사람으로 보인다. 아무개 아무개 등 노무현의 최측근이라고 하는 사람들이 있지만 내가 보기에 그만큼 노무현을 사랑하고 무조건 옹호하고 생명까지 바쳐서 충성할 것 같은 사람은 없다. '당신을 향한 나의 사랑은 무조건 무조건이야, 당신을 향한 나의 사랑은 특급 사랑이야.' 이런 유행가 가사가 잘 어울리는 사람이다. 따져보고 존경하고 따져보고 사랑하는 보통 사람들과는 차원이 다르다. 그래서 나는 지금도 여전히 이 분을 좋아한다.

그는 70살이 넘은 지금도 왕성한 활동을 멈추지 않고 있다. 노무현에 반하는 언행을 하는 사람은 야당은 말할 것도 없고 열린우리당 지도부나 국회의원까지도 이 선생의 매서운 공개 비판을 피할 길이 없다. 대통령 탈당 요구는 당연히 특급 비판 대상이고, 잘못된 인사 시정 요구나 청와대 쇄신 요구, 집단 면담 요청, 대연정 제안 비판, 정치보다는 국정 전념 주문, 대통령에게 계급장 떼고 붙자고 했던 사람들이 이 선생으로부터 호된 질책을 받은 바 있다. 주로 인터넷매체 칼럼이나 친노단체 모임의 연설을 통해서 가차 없이 비판의 칼날을 겨눈다.

사정이 이러할진대 하물며 나 같은 사람에게야 오죽하겠는가. 그래도 엄청 봐주는 편이라고 나는 생각한다. 다음은 나를 비판한 이 선생의 〈데일리서프라이즈〉 칼럼에 대한 나의 반론이다. 앞서의 논쟁과 마찬가지로 큰 틀에서 '누가 배신자인가?' 하는 '외나무다리 승부'의 후편이라고나 할까.

'혼을 바쳐' 만든 대통령인데…

[데일리서프라이즈(2006. 1. 5)]

노무현 대통령의 전 후원회장 이기명 선생이 〈데일리서프라이즈〉 칼럼을 통해 나를 비판했다. 비판이야 자유이고 나의 논평에 대한 비판은 하나의 의견으로 받아들인다. 그러나 사실이 아닌 것을 사실인 양 묘사한 부분에 대해 한마디 하겠다.

이는 다름 아니라 '유종필이 2001년 6월 노무현 민주당 상임고문에게 영혼을 바치겠다고 말하며 충성을 맹세했다.'는 내용이다.

이 내용은 이 선생께서 민주당 분당 직후인 2003년 10월 〈오마이뉴스〉에 나를 비판하는 글을 쓸 때 처음 사용한 이래 사이버 공간에서 수십 수백 차례나 나를 비판하는 사람들이 마치 사실인 양 즐겨 인용해왔다. 예를 들면 '노짱에게 영혼을 바친 유종필은 왜 노짱을 욕하는가?', '유종필은 영혼이 몇 개란 말이냐?' 이런 식이다.

나는 당시 '영혼' 운운 하는 부분을 읽으면서 정말이지 포복졸도할 뻔했다. 혼자서 한참이나 웃었다. 상식적으로 생각을 해보라. 어떤 사람이 충성을 맹세한답시고 "저의 영혼을 바치겠습니다." 이렇게 말하는 사람이 있겠는가. 어떤 아첨꾼도 이런 아첨을 했다는 말을 들어본 적이 없다. 이 유종필이 그런 아첨을 했다고 하니 얼마나 우스웠겠는가. 나는 아첨과는 거리가 먼 사람일 뿐 아니라 당시 상황에서 내가 노무현 고문에게 아첨할 하등의 이유도 없었다. 영혼을 바치다니 내가 파우스트라도 된다는 말인가. 지금 이 선생의 칼럼에서 그 부분을 또 보니 또 봐도 역시 웃음이 나올 뿐이다.

당시 상황을 구체적으로 묘사하면 다음과 같다. 다음의 글은 나의 자전적 에세이 〈9남매 막내 젖 먹던 힘까지〉에 나오는 내용이다. 참고로 민주당 분당 직전인 2003년 9월 중순에 출간된 책이다.

'2001년 6월 초 어느 날, 나는 노무현 민주당 상임고문과 여의도 금강빌딩 내 그의 사무실에서 얼굴을 맞대고 앉았다. 그는 해양수산부 장관을 그만 두고 대권 도전을 위해 경선 캠프를 차린 지 얼마 되지 않았다. 나는 사전에 준비한 말을 또박또박 입 밖으로 꺼냈다. "저는 기능을 파는 사람이 아닙니다. 혼을 바쳐 일 하겠습니다." 짤막하게 말하고 나왔다. 그리고 그의 언론특보로 일했다. 경선 때는 그의 입 역할을 했다.'

그 때 이기명 선생도 동석했다. 면담 뒤 이 선생은 나에게 "혼을 바쳐 일하겠다는 부분이 멋 있었다."고 말했던 기억이 있다. 이것을 가지고 "영혼을 바쳐놓고 왜 떠났느냐."느니 "노무현에게 바친 영혼을 지금은 누구에게 바치고 있느냐."라고 비난하는 것은 사실에 대한 왜곡일 뿐 아니라 어른스럽지도 점잖지도 못한 행위라고 생각한다.

당시 상황을 좀 더 설명하자면, 내가 평소 존경하는 언론계 선배 두 분을 만난 자리에서 머잖아 노무현 캠프에 갈 것 같다고 하자 선배 중 한 분이 다음과 같은 충고를 해주었다.

"기자 출신 중에 흔히 기능을 팔고 다니는 사람들이 많은데, 너는 그런 사람이 아니라는 것을 처음부터 확실하게 각인시키고서 일을 하는 것이 좋겠다. 무슨 일을 하든지 단순히 기능을 팔아 대가를 받는 식으로 해서는 안 되고 자기 일처럼 혼을 바쳐서 일해야 한다. 첫 만남에서 그것을 분명히 말하는 것이 좋다. 그래야 인격적 무시를 당하지 않고 자존심을 지키면서 소신껏 일할 수 있는 것이다."

나는 그 선배의 말에 전적으로 공감하고 노 고문과의 첫 만남에서 그렇게 말한 것이고, 노 후보의 일을 하는 동안 늘 내 일처럼, 아니 내 일보다도 더 '혼을 바쳐서' 성심성의껏 일했다고 자부한다. 이것은 노 대통령을 비롯한 노 캠프의 어느 누구도 부인하지 못할 것이다.

이것을 교묘히 왜곡하여 나를 아첨꾼인 양 묘사하고 비판하는 데 활용하는 것은 온당치 못할뿐더러 은혜를 거꾸로 갚는 것이 된다.

상식적으로 생각해보라. "혼을 바쳐 일 하겠습니다."와 "저의 영혼을 바쳐 충성 하겠습니다."는 천양지차라는 것을 금방 알 수 있을 것이다.

이 선생은 칼럼에서 마치 내가 노 대통령을 떠난 것처럼 말했는데, 어이가 없다. 노 대통령이 민주당을 떠났고, 나는 졸지에 야당으로 전락한 민주당을 지켰을 뿐이다. 노 대통령이 민주당을 그냥 떠나기만 했어도 고마웠을 것이다. 먹던 물에 침 뱉고 떠난 것은 세상이 다 아는 일 아닌가.

나는 아무런 조건도 달지 않고 오로지 그가 내세운 '동서화합 국민통합'의 기치에 끌려서 '혼을 바쳐서' 노무현 대통령 만들기에 작은 벽돌 하나를 놓았던 사람이다. 더욱이 대선 이후 노 대통령에게 무엇 하나 바라지 않고 오로지 내 힘으로 독립된 정치인이 되기 위해 혼신의 힘을 다했을 뿐이다. 이런 나에게 고맙다거나 미안하다는 말은 못할지언정 사실을 왜곡하여 비방하고 인신공격을 하는 것은 인간의 기본 도리가 아니라는 점을 분명히 밝힌다.

내가 노 대통령과 그가 만든 정당에 대해 비판하는 것은 정치적 적대관계를 만든 노 대통령에게 책임이 있지 나에게는 없다. 더욱이 그는 이 나라 최고 권력 대통령이고 나는 소수야당의 대변인에 불과하다. 어떤 권력도 없이 국민만 믿고 정치활동을 하는 사람이다.

나는 노 대통령 후보 시절 직접 모실 때나 대통령 당선 이후에나 노 대통령을 팔아서 영달을 기한 적도 없고 온갖 유혹에도 넘어가지 않은 사람이다. 모시는 분에게 한 점의 누도 끼치지 않도록 애썼다. 그것이 내가 노무현 정권을 만들려고 했던 초심이었고 나는 그것을 지켰기에 지금도 떳떳하다.

불법 대선자금을 비롯한 온갖 스캔들에 얽혀서 국민들의 따가운 시선을 받고 있는 대통령의 측근들, 나의 과거 동지들을 볼 때 안타까운 심정을 가진 적이 한두 번이 아니다.

이 글을 쓰는 동안에도 장관 임명을 놓고 대통령이 만든 정당의 의원들이 대통령이 초청하는 만찬을 거부하기로 결정했다는 소식이 들린다. 참으로 안타깝고 가슴 아프고 서글픈 현실이 되어 버렸다. 한 때 내가 '혼을 바쳐' 대통령으로 만들기 위해 애썼던 분인데…….

노무현의 개혁과 조광조의 개혁

　지난 2000년 16대 총선 공천에 실패한 후 공직도 버리고 1년 넘게 산야를 떠돌면서 독서와 사색, 한편으로는 방황의 세월을 보낼 때 삼봉 정도전에 몰두한 적이 있었다. 견디기 힘든 고독 속에서 삼봉의 늦깎이 성공이 큰 위안이 되었던 기억이 떠오른다. 삼봉과 정암 조광조의 대조적인 면모는 연구해볼 가치가 있다. 다음 글은 2005년 6월 내 개인 인터넷 홈페이지(www. yoojp. com)에 올린 칼럼인데 많은 언론에 보도된 바 있다.

이상주의와 경륜 부족, 당파성과 조급증 등 비슷한 점 많아
정도전, 김대중식 성공모델로 전환하여 현실주의적 개혁을

조선시대 대표적 개혁가로서 여러모로 대조적인 정도전(1337~1398)과 조광
조(1482~1519)를 비교해보면 정도전은 김대중과, 조광조는 노무현과 비슷한 점
이 많다. 바꿔 말하면 노무현식 국정운영은 조광조식 실패 모델이고 정도전. 김
대중식 성공 모델과는 너무나 다르다.

정도전은 고려말의 부패한 지배체제를 개혁하고자 했던 신흥사대부로서 자
신의 뜻을 펴기 위해서는 무력이 필수적이라는 사실을 인식하여 신흥무인세력
의 대표격인 이성계를 멀리 함경도까지 찾아가 그의 막료가 되었다. 당시로서
는 은퇴할 나이인 46세 때 유배에서 풀린 직후의 일이다.

그는 이성계의 무력을 앞세워 구세력을 몰아내고 전제개혁을 단행하여 과전
법을 실시하여 조선개국의 정치 경제적 토대를 마련하는 등 조선건국의 주역이
되었다. 한양 천도 때는 궁궐의 위치와 모든 건물과 궁성문의 명칭, 도성의 설
계까지 도맡고, 조선 정부 법제의 기본틀인 〈조선경국전〉을 편찬하고 〈고려사〉
를 펴냈다. 조선건국의 이론적 토대와 사회개혁이념, 향후 국정운영의 기본 설
계도를 모두 그가 만들었다고 해도 과언이 아니다. 그는 정치는 물론 경제와 법
제, 사상, 심지어는 병법까지도 통달한, 준비된 개혁가이자 중년기에 몇차례 죽
을 고비를 넘긴 대기만성형의 성공한 개혁가였다.

조광조 역시 강한 개혁 의지를 가진 사림파였다. 그는 일찍이 알성시에 장원
급제하여 조정에서 두각을 나타내다 33세에 사간원 정언(正言)에 발탁되었다.
연산군을 몰아내고 중종을 옹립한 공신들이 권력을 나눠먹느라 정신이 없던 당
시 그는 젊은 나이에 대사헌의 중책을 맡았다. 그의 이상주의에 입각한 개혁 의
지가 공신들의 기득권 안주와 부딪힌 것은 예정된 일이었다. 그는 사림파의 의
기를 모아 국가 기강 잡기에 본격적으로 나서게 된다.

그는 왕실에서 일월성신에 제사지내는 소격서의 폐지에 나섰다. 9년 동안 무
려 265 차례나 소격서 폐지 상소문을 올릴 정도로 이 문제에 집착했다. 바꿔 말
하면 이런 구습이나 전통을 없애는 일이 그만큼 어렵다는 반증이기도 하다. 그

는 또 중종반정으로 임금을 세운 정국공신 76명의 훈작을 삭탈하려는 대모험을 감행하기도 했다. 이런 일이 당시 상황에서 얼마나 무모한 도전인지는 짐작하기 어렵지 않다.

"3년이면 묵은 폐단을 척결할 수 있다."고 공언했다고 하니 그의 기개가 얼마나 하늘을 찔렀는지 알 수 있다. 그는 사헌부와 사간원 책임자의 파직 요구 상소를 1년 사이에 7번이나 올렸고 죽기 전 4년 동안 개혁을 요구하는 상소를 무려 300번이나 올렸다. 현실의 세력 관계를 무시한 이런 무모함과 조급증은 그를 총애하여 중용했던 중종의 분노를 사게 되었다. 결국 임금도 그를 더 이상 지켜줄 수 없는 상황을 스스로 만든 것이다. 조광조는 열정과 의지로 똘똘 뭉친 이상주의적 개혁가였지만 결국 실패한 개혁가로 역사에 기록되었다. 37세의 아까운 나이에 임금의 사약을 받고 죽었다. 참 안타까운 일이다.

조광조 사후 16년에 탄생한 율곡은 이를 안타깝게 여긴 나머지 그에 대해 다음과 같은 요지의 의미심장한 평가를 남겼다. "아깝도다. 학문이 채 완성되기도 전에 세상을 바로잡으려고 하다가 세상을 바로잡지도 못하고 임금을 피곤하게 하고 자기 자신도 망치고 말았다." 참으로 냉정하고도 정확한 평가라는 생각이 든다.

오늘날 대한민국을 이끌어가는 노무현 대통령과 권력 핵심들의 국정운영 방식을 보면 조광조의 단점만 닮았다는 느낌이 든다. 지나친 이상주의, 경륜의 부족, 조급증, 무모함, 기득권에 대한 적대의식, 선민의식 등이다. 열정과 사심 없음 등 조광조의 좋은 점은 닮지 않고 잘못된 점만 닮았다. 여기에다 편협한 당파성, 독선과 독주, 공격적 성향, 건설보다는 파괴, 무엇보다도 인격과 능력의 미숙성 등까지 더해졌다. 조광조는 도덕성에 관한한 어느 누구로부터도 의심받지 않았다. 생전에나 사후에나 백성들의 존경을 받은 인물이다. 반면 노무현 정권은 각종 부패 스캔들로 그것마저 무너지고 있으니 더욱더 심각한 상황이다.

김대중 전 대통령이 정도전과 비슷한 점은 합리주의와 준비성, 치밀성, 신중성, 민본주의, 무엇보다도 탄탄한 실력, 게다가 중년기 고난 끝의 대기만성까지 닮은꼴이다. 김대중이 평화적 정권교체를 이루고 IMF 관리체제에 빠진 나라 경제를 구한 것은 정도전이 역성혁명과 전제개혁에 성공하여 도탄에 빠진 백성의

삶을 개선시킨 것과 비견될만한 업적이라고 할 수 있다.

노무현 정권은 포기하기에는 임기가 너무 많이 남아 있다. 노 대통령은 지금 임기 2년 반의 대통령에 새로 취임한다는 자세로 임해야 한다. 최우선적인 일은 종래의 조광조식 실패 모델의 국정운영 방식을 버리고 정도전식 성공 모델의 국정운영 방식을 채택하는 것이다.

지나친 이상주의는 현실을 망친다. 밤하늘의 별만 쳐다보고 걷다가는 발 아래 구렁텅이에 빠지기 쉽다. 능력이 뒷받침되지 않은 개혁 열정은 성냥처럼 자신만 태울 뿐 세상을 밝힐 수 없다. 단칼에 해결될 수 있는 문제는 별로 없다. 대전환이 필요한 시점이다. 지난 2년여의 실패를 인정해야 한다. 더 이상 국정을 실험대상으로 삼지 말아야 한다. 당파주의를 초월하여 합리적이고도 중도적인 입장에서 대다수 국민과 함께 가는 개혁만이 성공할 수 있다.

이를 위하여 노 대통령은 우선 열린당의 당적을 떠나서 초당적으로 국정을 운영하는 문제를 심사숙고 해보기를 권한다. 열린당의 당적을 가지고 있는한 국민의 50% 이상을 보듬고 가기가 어렵다. 어차피 국회 과반수가 무너진 마당에 다수 의석이 무슨 소용인가? 게다가 열린당은 향후 대권 지망생들이 인기관리를 위해 필요할 경우 언제라도 경쟁적으로 노 대통령에게 시비를 걸 것으로 예상된다. 열린당은 이미 힘이 아니라 짐이 되어 버렸다. 당적을 버리고 국민의 마음을 얻을 수 있다면 그 편이 훨씬 낫지 않을까 생각한다.

(2005.6)

미래형 리더십이 필요하다

　참여정부 출범 초부터 밀어부친 지나친 과거 청산 작업은 국론 분열을 야기하는 등 국가 발전에 저해 요소로 작용하는 측면이 있었다. 노무현 대통령은 대한민국 건국의 정통성을 부인하는 듯한 역사의식을 드러내곤 했다. 다음 글은 2005년 9월 24일 〈남도일보〉에 기고한 칼럼이다. 총선 실패 후 산야를 떠돌 때 했던 독서를 바탕으로 글을 썼다. 과거 청산을 하더라도 미래의 비전을 가지고 해야 한다는 점을 역사적 사실을 예시하면서 강조했다.

과거와 싸우면 미래가 죽는다

[남도일보(2005. 9. 24)]

과거 청산에 대한 논란이 아직도 끝나지 않았다. 어제 없는 오늘과 내일은 없기 때문에 과거 정리 작업의 중요성을 부인하는 사람은 없을 것이다. 그럼에도 불구하고 지금 우리는 과거보다는 미래로 눈을 돌려야 한다.

중국 전국시대 합종책으로 유명한 소진(蘇秦)이 조나라 군주 숙후(肅侯)를 유세차 방문했을 때 마침 숙후는 과거 청산에 골몰하고 있었다. 대개의 경우 과거 청산은 단죄와 보복이 수반되기 마련이다. 소진은 이를 걱정한 나머지 다음과 같은 말로 군주를 설득했다. "과거 청산은 중요한 일이지만 너무 과거에 집착하면 나라의 미래에 해를 끼친다. 과거 청산을 하되 과거와 싸우는 방식으로 하지 말고 미래의 청사진으로 과거 청산을 하라. 미래의 밝은 빛으로 과거의 어둠을 몰아내야 나라의 장래가 밝아진다."

남아공의 만델라는 독재정권 하에서 30여 년을 감옥에서 보냈다. 그가 집권하자 많은 사람들이 어두운 과거에 대한 청소를 주장했다. 그러나 그는 "갈 길이 멀다. 과거를 단죄할 시간이 없다." 이렇게 말하면서 과거에 대한 단죄를 최소화하고 자신을 탄압했던 세력을 포용했다. 그 결과 오늘날 남아공이 갈라지지 않고 있는 것이다.

중국의 등소평(鄧小平)은 문화혁명 기간에 세 번이나 숙청되고 죽을 고비도 여러 번 넘겼다. 변방으로 추방되어 혹독한 감시 속에 부인과 함께 농기구 공장에서 일하면서 겨우 목숨을 부지했다. 그가 집권하자 많은 사람들이 과거 청산을 주장한 것은 당연한 일이었다. 그러나 그는 과거 청산 주장을 일축하면서 "모택동(毛澤東) 동지는 공이 7할이고 과가 3할이다."라는 유명한 말 한마디로 과거를 정리했다. 그런 다음 등소평은 오로지 경제개발에만 매진하여 오늘의 중국 번영의 기틀을 마련했다. 이를 두고 싱가포르의 이광요(李光耀) 전 총리는 자서전에서 등소평이 아니었으면 중국은 문혁 이후 내부투쟁으로 인해 소련처럼 여러 갈래로 나누어졌을 것이라며 등소평을 높이 평가했다.

영국의 처칠도 "현재와 과거가 싸우면 미래가 죽는다."라고 말한 것을 보면 과거 청산의 문제는 동서고금을 통해 늘 중요한 과제였던 모양이다.

우리나라도 가깝게는 김영삼 대통령이 이른바 역사 바로 세우기 작업을 했다. 수십 년 군부정권의 뒤끝이라 꼭 필요한 일이었고, YS가 그것을 잘 해냈다고 평가할 만하다. 어찌 보면 군부 세력과의 연합정권이라는 컴플렉스 때문에 오히려 화끈한 과거 청산 작업이 불가피하지 않았나 하는 해석도 가능하다.

반면 김대중 대통령은 통상적 의미의 과거 청산 작업을 하지 않았다. 그의 목숨까지 노렸던 사람들이 우려했던 정치보복은 일절 없었다. 그 대신 금융 구조 개혁, 사회복지제도 확충 등 경제 사회적인 구조개혁에 주력했다. 소진이 말한 '미래의 청사진에 의한 과거 청산' 쪽에 가깝다. 그가 집권하면 피비린내가 날 것이라고 했던 말이 악선전이었음을 보기 좋게 입증했다. 만일 DJ가 과거와 싸우는 방식의 과거 청산을 시도했다면 과거 청산도 안되고 우리 사회는 극도로 분열되고 말았을 것이라는 것이 필자의 판단이다. IMF 금융 위기의 극복, 남북 정상회담, 노벨평화상 수상, 생산적 복지 확충, 세계적 정보통신 강국의 건설 등 국민의 정부의 대표적 업적도 불가능했을 것이다.

노무현 대통령은 임기 절반이 지나도록 과거에 대한 지대한 관심을 거두지 않고 더욱 더 집요하게 과거에 매달리고 있다. 이로 인한 다툼과 국론 분열이 끊이지 않고 있다. 앞서 예로 든 세계적 지도자들이 역사의식이 부족하여 과거 청산 작업을 하지 않았다고 보는 사람은 없을 것이다.

흔히 과거를 격하시키고 차별화하여 자신을 높이려는 전략은 미래 비전이 없는 무능한 지도자들이 빠지기 쉬운 유혹이다. 그러나 지도자는 과거보다는 미래 속에서 민족의 운명을 개척해야 한다. 역사가보다는 미래학자가 되어야 한다. 무릇 국가 지도자는 미래에 대한 비전과 실천을 통해 역사 속에서 평가받으려는 자세를 가져야 한다. 눈을 미래로 돌려야 한다. 미래는 눈길을 주지 않는 자에게 미소를 보내지 않는다.

강준만이 보는 노무현과 유종필

유명한 언론학자이자 당대의 칼럼니스트인 강준만 교수(전북대)가 2005년 6월 29일 〈한국일보〉에 '노무현과 유종필'이라는 제목의 칼럼을 썼다. 나로서는 강 교수 같은 분이 나를 소재로 칼럼을 쓴 것만으로도 큰 영광이라고 생각한다. 이 칼럼에는 나에 대한 분에 넘치는 평가가 있지만 나의 입장과 생각을 날카롭게 짚어내서 깜짝 놀랐던 기억이 있다. 한 번 뵌 적도 없는 강 교수님께 지면으로 감사 인사를 드린다.

노무현과 유종필

[한국일보(2005. 6. 29)]

언론은 '1등 공신' 이라는 말을 즐겨 쓴다. 노무현 정권 탄생에 좀 기여를 했다 싶은 인물이면 무조건 '1등 공신' 이란다. 취재원의 비위를 맞춰주기 위해 그런 건지 아니면 '1등 공신' 의 수가 수십 명이 된다고 생각하는 건지 알 길이 없다.

나에게 '1등 공신' 을 딱 한 사람만 꼽아 보라면 민주당 대변인 유종필씨를 들겠다. 왜 그런가? 그는 노무현 후보에 대해 적대적이던 김대중 정권 실세 인사들의 마음을 노 후보 쪽으로 돌려놓거나 적어도 중립을 지키게 만드는 데에 결정적인 공을 세웠기 때문이다.

2001년 6월 노무현 캠프에 합류한 유씨는 그때부터 민주당 경선이 본격화된 2002년 3월까지 청와대를 수시로 드나들면서 노 후보에 대해 적대적인 시각을 반전시키는 데에 성공했다.

김 정권 사람들이 노 후보에 대해 가장 염려했던 건 '배신' 의 가능성이었다. 그런 문제 제기가 나올 때마다 유씨는 노 후보가 김대중과 민주당을 배신할 사람이 절대 아니라고 노래를 불러대다시피 했다나……

"배신 않을 것" 유종필이 설득

민주당 경선에서 노 후보에게 패배한 이인제 후보가 '청와대 음모론' 을 제기한 것도 바로 유씨의 이런 필사적인 노력과 관련된 것이었다. 그렇게까지 노 후보의 배신 가능성을 부정했던 유씨였으니, 그가 민주당 분당과 함께 노 대통령과 결별하고 적대적 관계로 돌아선 건 당연하다 하겠다. 그는 언젠가 기자들 앞에서 눈물을 흘리기까지 했다.

자신을 개혁파라고 생각하는 사람들은 노 대통령의 그런 배신을 '창조적 배신' 이라며 긍정 평가했다. 이런 평가에 대해 논란이 있지만 일단 여기선 노 대통령을 공(公)을 위해 사(私)를 버린 멸사봉공(滅私奉公)의 의인(義人)으로 간주하기로 하자.

문제는 그의 이중 잣대다. 어떤 경우엔 잔인하다 싶을 정도로 멸사봉공하지만, 또 어떤 경우엔 정실과 의리에 흐물흐물 무너져 내리는 모습을 보이더라는 것이다. 특히 인사 문제에서 그렇다.

이와 관련, 노 후보에 의해 '보석 같은 존재'로 불려졌던 유씨는 "노 대통령이 나를 포함해 측근들을 '동업자'라고 표현했지만 지금 생각하면 정치 자금과 관련된 사람만 동업자였고, 나는 언제나 버림을 받을 수 있는 애첩에 불과했다."고 말했다. 과연 그런가? 모르겠다. 나는 노 대통령이 계속 멸사봉공 하더라도 최소한의 인간적 도리는 지키면서 살면 좋겠다.

우선 거론할 수 있는 건 민주당 대선 빚 44억 원의 문제다. 민주당은 이 건으로 여러 차례 항의 시위를 했다. 그런데 언론은 이 건에 대해 말이 없다.

노 정권이라면 못 잡아 먹어 안달하는 신문들도 이 건에 대해선 고개를 돌린다. 한국 신문들이 즐겨 쓰는 기사식 논평을 통해 민주당이 무리한 요구를 하고 있다거나 아니면 노 대통령과 여당에 문제가 있다거나 한마디 할 법도 한데 모두 다 약속이나 한 듯이 모르쇠로 일관하고 있다.

민주당 대선 빚 나 몰라라 할 수야

민주당의 주장대로 "대선 빚 44억 원은 노무현 대통령 만드는 데 쓴 돈"이 분명하다면 여당이 어떻게 대응하건 관계없이 적어도 노 대통령만큼은 임기 중에 봉급 저축할 생각하지 말고 조금이라도 그걸 갚아 나가면 좋겠다. 그렇게 한다고 해서 그게 노 대통령의 '멸사봉공 정치 개혁'을 훼손하는 것도 아니지 않은가.

김대중 전 대통령의 큰 과오 가운데 하나는 자신의 정치 노선을 따르지 않은 민주 인사들에게 고통을 안겨준 것에 대해 사과하지 않은 것이다.

김 전 대통령은 노 대통령을 비롯한 이른바 통추(국민통합추진회의) 멤버들의 '민주당 죽이기'로 복수를 당한 셈이다. 노 대통령도 훗날 똑같이 복수를 당할까? 모르겠다. 그러나 '멸사봉공 개혁' 이건 그 무엇이건 최소한의 인간적 도리는 지키면서 사는 게 자라나는 어린이 교육에도 좋으리라는 건 분명하다.

5장

빛고을의
새로운 모색

광주시당 위원장이 되다

 2005년 여름 당 조직강화특위의 적극적인 권유에 따라 광주 서구(갑) 지역위원장을 맡았다. 서구(갑)은 노무현 대통령의 측근 인사가 국회의원을 하고 있는 지역이다. 그와는 한 때 노캠프에서 한솥밥을 먹던 사이, 다시 말하면 어제의 동지다. 분당이 어제의 동지를 적으로 만든 경우가 한두 건은 아니지만 한 지역구에서 만나는 것은 보통 어색한 일이 아니다. 이 모두가 '노무현의 선물'인 셈이다.

 당은 나를 광주에 배치하면서 과거 노무현 사람 중에서 분당때 '노무현 따라간 사람'과 '지조를 지켜 민주당을 지킨 사람'을 극적으로 대비시켜 광주 시민들에게 보여줄 목적으로 나를 이렇게 배치하는 것이라고 설명했다. 다가오는 지방선거에서 열린당과의 정면대결, 정면돌파를 선언하는 의미였다. 잠시 고민스러웠다. 그러나 이내 정면돌파라는 당명에 따르기로 했다. 분당의 총수격인 노 대통령과 숙명적 대결을 벌이고 있는 마당에 노무현부대 일개 대원과의 대결은 부수적인 것에 불과하기 때문이다. 이렇게 하여 광주에서 새롭게 정치를 시작했다.

얼마 되지 않아 광주를 비롯하여 전남과 전북 등 민주당으로서는 핵심 지역의 시도당 위원장 선거가 실시되었다. 민주당의 심장부인 광주시당을 한 번 이끌어보고 싶은 강한 의욕이 솟았다. 당시 2만여 명에 이르는 후원 당원 대상의 여론조사로 결정하는 방식이었다. 그 정도 숫자면 일반 시민의 뜻과 크게 다르지 않은 선택이 나올 가능성이 크다고 판단해 별 조직이 없는데도 오로지 광주 시민만 믿고 출마를 결심했다. 많은 사람들이 무모하다는 반응을 보이기도 했으나 좋게 말하는 사람들은 도전정신이 강하다고 평가해주었다. '변화의 새 바람'을 메인 캐치프레이즈로 내걸고 많은 사람들의 도움에 힘입어 당선되었다. 민주당의 심장부이자 호남정치의 일번지, 다가올 지방선거에서 당의 사활을 건 일전을 벌여야 하는 광주광역시당을 이끌어야 하는 막중한 책임감에 어깨가 무거워짐을 느꼈다.

실내체육관을 가득 메운 수천 명의 당원, 시민들과 함께 취임식이 열렸다. 당 대표를 비롯한 지도부가 대부분 참석하여 광주에서 당세를 과시했다. 다음은 취임사이다. 변화를 통한 민주당의 새 바람과 지방선거 승리를 통한 민주당 재건의 강한 의지를 담았다.

민주당의 주인은 광주 시민입니다

존경하는 광주 시민 여러분, 자랑스러운 민주당의 당원 동지 여러분!

민주당은 열매는 풍성하지 않지만 뿌리가 튼튼하게 살아 있는 정당입니다. 오늘 여기 구름처럼 모여 계시는 여러분 한 분 한 분 모두가 민주당의 뿌리입니다. 민주당은 뿌리가 튼튼하게 살아 있기 때문에 머지않아 부활하여 꽃이 피고 열매가 맺을 것으로 생각하는데, 여러분 생각은 어떻습니까?

왜 민주당을 살려야 합니까? 세 가지만 말씀 드리겠습니다.

첫째, 민주당은 업적이 있는 정당입니다. 이 땅에 민주주의와 시장경제를 이룩했습니다. 평화적 정권 교체와 남북평화체제를 정착시켰습니다. IMF를 극복하고, IMF 그 어려움 속에서도 국민기초생활보장법을 비롯하여 서민을 위한 사회복지제도를 완성시켰고, 한국을 세계 5대 정보통신강국으로 만들었고, 오늘날 세계를 휩쓰는 한류도 국민의 정부 민주당 정권의 업적입니다. 이런 업적이 있는 정당 하나 살리지 못한다면 앞으로 어떤 정당이 업적을 내기 위해 땀 흘려 일하겠습니까?

둘째, 김대중 대통령의 계승자를 자처하는 사람은 많지만, 진정으로 뼛속깊이, 모세혈관까지 김대중사상과 김대중철학을 계승하는 정당은 민주당밖에 없습니다. 민주당은 김대중 선생과 혈연관계입니다. 공격을 받으면 자동개입되는 혈맹관계입니다. 현정권이든 누구든 김대중 대통령과 국민의 정부를 폄하하고 공격하면 민주당은 결코 용납하지 않을 것이며, 설사 세상사람 모두가 김대중 대통령에게 돌멩이를 던진다 하더라도 민주당은 전당원이 똘똘 뭉쳐 광주 시민과 함께 돌멩이를 대신 맞아가면서 목숨 걸고 지켜내겠다는 각오를 밝히는 바입니다.

셋째, 민주당은 호남을 대변하는 유일한 정당입니다. 호남당 싫어서 민주당 깼다고 했지요? 김대중당 싫어서 노무현당 만든 게 열린우리당 아닙니까? 호남을 대변하는 것이 뭐가 부끄럽습니까? 우리 호남이 어떤 곳입니까? 이 땅에 독립이 필요요할 때 독립을 위해 싸웠고 민주주의가 필요할 때 민주주의를 위해 피흘려 싸운 곳입니다. 그 반대급부로 영남패권 독재정권의 핍박을 받고 차별을 받아서 지금까지도 경제적으로 어렵습니다. 정치의식이 앞선 호남의 지지를 받고 경제적 약자인 호남을 대변하는 것은 너무나 당연한 일이고 자랑스런 일입니다. 민주당은 호남의 확고한 지지를 바탕으로 정계 개편의 중심축이 되어 과거의 영광을 재현하려고 하는데, 여러분 도와주시겠습니까?

존경하는 광주 시민 여러분, 사랑하는 당원 동지 여러분!

광주는 민주당의 심장부입니다. 심장에서부터 젊은 피가 흘러야 민주당이 젊어집니다. 심장에서부터 깨끗한 피가 흘러야 민주당이 깨끗해집니다. 심장에서부터 새로운 피가 흘러야 민주당이 새로워집니다. 저는 한화갑 대표의 확고한 의지를 받들고 당원 동지 여러분의 전폭적인 지지를 받아서 위대한 광주 시민의 뜻에 따라, 아니 시민의 요구보다 한발 더 앞서 광주에서부터 민주당을 새롭게 만들겠습니다. 이제 민주당의 주인은 광주 시민 여러분이라는 것을 선언합니다.

지금 무등산에 새 바람이 불고 있습니다. 그것은 바로 민주당 바람입니다. 지금 영산강에 새로운 물결이 치고 있습니다. 그것은 바로 민주당의 물결입니다.

무등산아, 너에게 혼이 있다면 민주당을 외면하지 말아다오!

영산강아, 너에게 넋이 있다면 50년 정통 민주당이 기필코 다시 일어서도록 우리 모두에게 힘과 지혜를 다오!

(2005.12.19)

시민 속으로!

2006년 새해가 밝아오자 모든 관심이 5.31 지방선거로 모아졌다. 기자회견을 열어서 광주시장은 물론 5개 구청장 석권의 강한 의지를 밝혔다. 유종필 특유의 공세적이고 적극적인 전략을 펼치기 시작했다. 지역 매스컴에 일제히 크게 보도되었다. 과감한 선제공격은 절반을 먹고 들어가는 경우가 많다. 강한 자신감 피력은 우리 진영에는 용기를, 상대에게는 위축감을 주는 동시에 일반시민들에게는 우리 편이 승리할 것이라는 예감을 심어준다. 당시 민주당과 열린당의 지지도가 거의 비슷한 상황에서의 압승 의지 피력은 객관적으로는 무리이지만 이러한 전략적 계산에서 나온 것이다.

광주시당은 5.31 선거의 메인 캐치프레이즈로 '시민 속으로!'

를 채택했다. 이에 맞춰 시당 공천심사특위에 시민단체 대표와 학계, 언론계, 여성계, 법조계 등 외부인사를 대거 참여시켰다. 공천방식은 사상 최초로 시민배심원단의 공청회에 의한 시민공천으로 결정했다. 시민들의 관심과 호응이 뜨거움을 느꼈다. 시민배심원제는 정당의 전유물인 공천에 시민의 뜻을 반영한다는 큰 명분이 있었다. 가장 큰 허점은 후보자들의 자기 사람 동원의 문제였다. 그러나 동원도 선거운동의 한 과정이라고 볼 수 있고, 배심원제를 통해 3배수를 선정하는 것이어서 본질적 문제는 아니었다. 가장 큰 의의는 과거 밀실공천을 광장으로 끌어낸 것이다. 패널과 예비후보자 간의 질의 응답 실황을 인터넷 생중계를 통해 실시간으로 전세계에 생중계한 것은 큰 의미가 있었다. 일부 부작용도 있었지만 시민들에게 민주당이 과거의 틀에 안주하지 않고 뭔가 새로운 것을 추구하는 인상을 준 것은 분명했다. 이 점 또한 큰 성과라고 자평한다.

또 한 가지 승부수는 구청장 전략공천이었다. 열린당의 현직 구청장이 있는 지역을 비롯하여 몇 개 구청이 승리를 장담할 수 없는 상황이었다. 5개 구청장 모두를 석권해야 민주당의 완승이 되겠기에 내 스스로 모든 책임을 지기로 하고 전략공천을 단행했다. 한 대표를 비롯한 당 지도부에게 다음과 같은 요지의 건의를 하여 허락을 받았다.

- 광주의 상징성과 전략적 중요성을 감안할 때 시장은 물론 5개 구청장 선거 모두 반드시 승리해야 하는 절박성이 있음. 광주는 이

미 민주당과 열린당의 최대 쟁지(爭地)로 떠오르고 있으며 양당의 사활적 전투가 이미 시작됨. 광주의 선거 결과는 민주당의 존망을 좌우할 것임. 따라서 가능한 수단을 모두 동원하여 필승카드를 내세워야 함.

• 광주 민심은 전남과 달리 민주당에 대해 절대적 지지를 보내지 않고 유보적 태도를 보이고 있음. 부동층의 비중이 30% 이상인 가운데 민주당이 박빙의 우세를 보이고 있음. 부동층은 열린당에 실망했지만 민주당 지지로 선뜻 돌아오고 있지 않고 있는데, 이들은 민주당의 쇄신과 기득권 탈피 여부를 관망하고 있는 것으로 분석됨.

• 시민들이 안심하고 흔쾌한 기분으로 민주당을 지지할 수 있도록 유도하기 위해서는 당내외를 불문하고 시민들이 인정하는 검증된 인물, 중량감 있는 인물을 구청장 후보로 전면 포진시킬 필요가 있음.

전략공천이지만 자의적인 공천이 아니라 여론조사에 의한 객관적 공천방식을 채택했다. 중앙당 공천특위에 구체안을 내어 의결을 받아서 시행했다. 예비후보들의 반발이 거셌으나 설득하여 문서로 동의를 받은 뒤 여론조사에 착수했다. 그 결과 3개 지역의 승리가 불투명한 것으로 나와서 전략공천을 단행했다. 탈락자들의 시당사 점거와 단식농성 등 거센 반발이 있었다. 그러나 철저하게 원칙대로 했기 때문에 극복해낼 수 있었다. 전략공천의 후보는 당 지도부와 상의하여 검증된 인물을 선정했다.

나는 모든 공천에서 철저하게 공정성과 객관성을 생명처럼 유지했다. 자의적 판단은 배제했다. 모든 것을 데이터에 의해 결정했다. 나부터 사심 없이 임했고, 광주시내 유력인사들의 청탁도 모두 배제했다. 이는 말처럼 쉬운 것이 아니다. 인간적 고뇌도 뒤따랐고 실제로 힘든 일이 한두 가지가 아니었으나 눈 딱 감고 원칙대로 했다. 많은 유력인사들이 직간접적으로 섭섭하다는 뜻을 나타냈지만 모두 감수했다.

공천을 받지 못한 수많은 사람들도 나를 원망했다. 이치를 따지면 나를 원망할 일이 아니므로 나로서는 억울하기 짝이 없다. 그러나 어쩌겠는가. 내가 감수할 수밖에. 정말 미안한 것은 구청장 전략공천의 결과 탈락한 분들이다. 전략공천이 아니었다면 그들 중 한두 명은 구청장이 되었을지도 모르기 때문이다. 그러나 이 역시 당을 위한 것이지 나 자신의 이해와는 아무 관계도 없다.

에피소드 한 가지가 있다. 중앙당 공천특위에 전략공천안을 내니 어떤 위원이 "실패하면 책임지겠느냐?"고 물었다. 나는 "그렇다."고 답변했다.

그러자 "어떻게 책임지겠느냐?"고 물어왔다. 나는 웃으면서 "어떻게 승리할 것인가를 물어야지 실패하면 어떻게 책임지겠느냐고 묻는 것은 적절치 않다. 믿고 맡겨주면 무조건 승리를 일궈내겠다. 만일 실패할 경우는 묻지 않아도 내가 알아서 책임지겠다."고 대답했다.

아무튼 내가 모든 책임을 지기로 하고 전략공천을 단행했고, 현지 언론과 시민들은 전략공천을 전폭적으로 지지해 주었다.

만일 결과가 좋지 않았다면 내 목이 온전했을 리 없다. 죽기로 각오하고 몸을 던져서 모든 일을 해냈다. 많은 당원 동지들의 성원과 격려와 협조가 없었다면 이 모든 것이 불가능했을 것이다. 진심으로 감사드린다.

천신만고 끝에 어렵게 공천을 마치고 나니 어느덧 5월이 성큼 다가왔다.

"광주의 전통을 믿습니다"

　5월에 접어들자 열린당은 당의장을 비롯하여 지도부가 총출동하다시피 하면서 광주 공략에 나섰다. 정동영 의장은 광주 회견에서 "광주에서 패배하면 열린우리당은 5.31선거에서 패배하는 것이다. 열린우리당이 민주당 등 민주 세력과 연대하여 대한나라당 연합전선을 펴는 데 구심점이 되겠으니 광주가 밀어달라." 이렇게 읍소하고 나왔다. 참 어처구니없는 말이다. 그렇다면 수도권의 패배는 패배가 아니라는 말인가. 아무튼 수도권은 일찌감치 포기하고 광주 전남에 올인 하겠다는 말이었다. 전국정당 하겠다고 분당한 사람들이 영남은커녕 수도권도 포기하면서 광주에 와서 하는 말치고는 너무 빈약한 논리였다. 그러나 울면서 호소하면 마음이 약해지는 것이 우리나라 사람 아닌가.

승부의 포인트라는 판단을 하고 긴급 기자회견을 열었다. TV 메인뉴스에 양당의 광주 각축전을 대비시키는 보도가 나왔다. 다음은 기자회견문이다. 선거에 임하는 광주시당의 기본논리를 담았다.

왜 한강을 포기하고 영산강을 넘보는가

존경하는 광주 시민 여러분!

지방선거가 20여일 앞으로 다가왔습니다. 이번 5.31 선거는 50년의 정통성을 가진 중도개혁 세력이 건재할 수 있느냐 없느냐의 명운을 가르는 선거입니다. 민주당은 광주시장을 비롯, 5개 구청장 모두를 석권하는 압승을 거두어 당 재건의 확고한 기틀을 마련하겠습니다.

열린당은 서울을 비롯한 전국에서 패배가 예상됩니다. 노무현 대통령과 열린당은 이미 도덕적으로 파탄했고 정치적으로 몰락했습니다. 집권 3년의 실패에 대한 통렬한 심판을 면할 길이 없을 것입니다.

만에 하나 광주에서 열린당이 이긴다면 그들은 당선 가능성도 없는 대선후보를 내세워 결국 대선에서 패배하여 정권을 한나라당에 넘겨주고 말 것입니다. 한나라당은 이번 선거의 압승은 물론 대선 승리까지 장담하고 있습니다. 이런 불행한 상황을 누가 만들었습니까? 전적으로 무능한 열린당의 책임입니다. 한나라당이 잘하는 것이 무엇이 있습니까? 열린당이 있기 때문에 한나라당이 득세하는 것입니다. 열린당이야말로 한나라당을 가장 크게 도와주는 정치 세력이자 한나라당의 최고 충신입니다.

오늘 열린당의 당의장을 비롯한 당 지도부가 광주에 와서 요란스런 행사를 벌이고 있습니다. 열린당은 '광주 올인'의 의지를 나타내고 있습니다. 열린당은 왜 한강을 포기하고 영산강을 넘보는 것입니까? 열린당은 집권당의 체면이 남아 있다면 한나라당에 맞서 수도권을 사수해야 합니다. 이것이 호남인들의 뜻입니다.

17대 총선에서 광주 시민은 열린당을 밀어줄 만큼 밀어주고 도와줄 만큼 도와주었습니다. 그러나 돌아온 것이 무엇입니까? 호남 푸대접과 소외는 개선되지 않고 있습니다. 장·차관들의 방문을 이용한 관권선거가 횡행하고 있습니다. 정부 여당이 언제부터 광주에 이렇게 관심을 가졌습니까? 선거를 목전에 둔 선심공세에 광주 시민은 절대 속지 않을 것입니다.

열린당은 국정 실패로 인해 전국적으로 지탄받고 있습니다. 선거가 끝나면 없어질 당입니다. 이런 정당에 더 이상 미련을 가질 필요가 없습니다. 5월 31일은 실패한 정당 열린당을 심판하는 날입니다.

민주당이 승리하면 중도개혁세력을 총결집하는 정계 개편을 주도하여 국민정치 세력을 재구축하고 국민의 신망을 받는 대선후보를 앞세워 정권을 재창출할 것입니다. 이번에는 배신하지 않을 대통령, 호남을 모욕하지 않을 대통령, 국민통합의 대통령, 지역경제를 발전시킬 대통령을 만들어 내겠습니다. 광주 시민 여러분의 지지에 반드시 보답하겠습니다.

민주당을 아껴주시는 광주 시민 여러분!

민주당은 분당과 총선 패배의 아픔을 딛고 당 재건을 위해 피나는 노력을 경주해 왔습니다. 저와 민주당의 후보 모두는 최악의 상황에서도 민주당을 버리지 않고 지켜왔습니다. 정치에 있어서 지조는 생명과 같은 것입니다. 광주 시민은 지조를 지킨 정치인과 정치 세력을 반드시 부활시켜주는 전통을 가지고 있습니다. 위대한 광주 시민 여러분께서 다시 일어서려고 몸부림치는 민주당의 손을 꼭 잡아주실 것으로 확신합니다. 대단히 감사합니다.

(2006.5.9)

5.31 지방선거가 보여준 희망의 증거

　광주의 선거 결과는 예상을 훨씬 뛰어넘는 압승이었다. 시장은 물론 5개 구청장 석권, 지역구 시의원 16석 석권 및 비례 3석 중 2석 차지, 구의회는 중선거구제임에도 5개 구의회 모두 과반수 차지 등 누구도 예상하지 못한 압승, 완승이었다. 선거란 참 무서운 것이라는 생각이 새삼 들었다. 정당지지도가 훨씬 앞섰던 전남에 비해서도 월등하게 뛰어난 성적이었다. 결과만 놓고 볼 때 흠 잡을 데가 없었다.

　정당은 선거로 말하고 선거는 결과로 말한다. 그런 면에서 보면 광주시당은 대성공을 거둔 것이다. 여러 성공요인이 있겠지만 무엇보다도 흐름이 우리 편이었고, 거기에다 전당원이 일치단결하여 시민 속으로 파고들어 그 흐름을 붙잡았기에 가능했

다. 광주시당의 끊임없는 쇄신과 변화 노력도 중요한 승리요인
이라고 생각한다. 나는 이번 선거의 최고 행운아인 셈이다. 시
민과 당원 동지들께 진심으로 감사드리며 영광을 돌리고 싶다.
다음은 대시민 감사의 인사말로써 민주당의 향후 정치 로드맵
과 정권 창출의 의지를 담았다.

존경하는 광주 시민 여러분!

이번 선거에서 민주당에게 보내주신 성원에 대해 무어라 감사의 말씀을 드려야 할지 모르겠습니다. 민주당의 후보들과 당원 모두는 감사한 마음과 함께 무거운 책임감을 느낍니다.

시민 여러분께서 보내주신 성원은 저희에게 과분할 정도로 뜨거웠습니다. 이는 결코 민주당이 잘했기 때문이 아니라 앞으로 잘하라는 뜻이라는 것을 저희는 잘 알고 있습니다.

이번 선거에서 호남을 제외하고 한나라당이 압승을 거둔 것은 참으로 우려스러운 현상입니다. 이는 민주당의 분당과 정부 여당의 국정운영 실패에 주된 원인이 있습니다. 민주개혁세력의 중심인 민주당은 무너진 민주 개혁 진영을 복원해야 할 무거운 책임감을 느낍니다.

한나라당에 맞서 민주개혁세력을 지켜낼 정당은 민주당밖에 없습니다. 호남을 대변하는 정당도 민주당밖에 없습니다. 김대중 전 대통령의 정치철학을 계승하는 정당도 민주당밖에 없습니다.

민주당은 호남의 지지를 바탕으로 중도개혁세력을 총결집하는 정계 개편의 중심이 되어 다시 한 번 정권을 창출하겠습니다. 이번에는 배신하지 않고 호남을 무시하지 않을 대통령을 광주 시민과 민주당이 손잡고 만들어냅시다.

민주당은 부족한 점이 많지만 시민 여러분의 질책을 언제나 달게 받아들이겠습니다. 시민 여러분의 기대와 성원에 부응하기 위해 당 쇄신과 개혁에 더욱더 박차를 가하여 새로운 모습으로 시민 여러분 앞에 서겠습니다.

자랑스러운 광주학생독립운동 영령들과 5.18 영령들께 부끄럽지 않은 민주당이 되기 위해 뼈를 깎는 성찰과 부단한 노력을 하겠습니다.

존경하는 광주 시민 여러분!

민주당은 오직 시민 여러분을 주인으로 모시고 시민 여러분과 함께 2007년 정권을 재창출하겠습니다. 민주당은 광주 시민 여러분에게 무한책임의식을 가지고 있습니다. 민주당은 광주 시민 여러분을 한없이 사랑합니다. 대단히 감사합니다.

(2006.6.1)

6장

대변인으로
산다는 것

촌철살인 면허

정당의 대변인 무용론이 간혹 나오곤 하는데 그 때마다 곤혹스러웠던 기억이 있다. 나는 정치권 생활 10여 년 동안 주로 대변하는 일을 해왔기 때문이다. 내가 대변했던 '본변(本辯)'만 해도 김대중 전 대통령, 노무현 대통령, 고건 전 대통령 권한대행, 박상천 전 대표, 조순형 전 대표, 한화갑 전 대표를 비롯하여 한두 분이 아니다.

개혁을 표방하며 창당됐던 열린당은 개혁의 가시적 조치의 하나라며 문제의 대변인직을 없애버린 적도 있다. 그러나 얼마 안 가서 부활시킨 데서 더 나아가, 한 때 두 명의 대변인에다 원내 대변인까지, 모두 세 명의 대변인을 둔 적이 있다. 개혁의 대상이던 대변인직이 거꾸로 개혁을 외치는 입이 되어버렸으니,

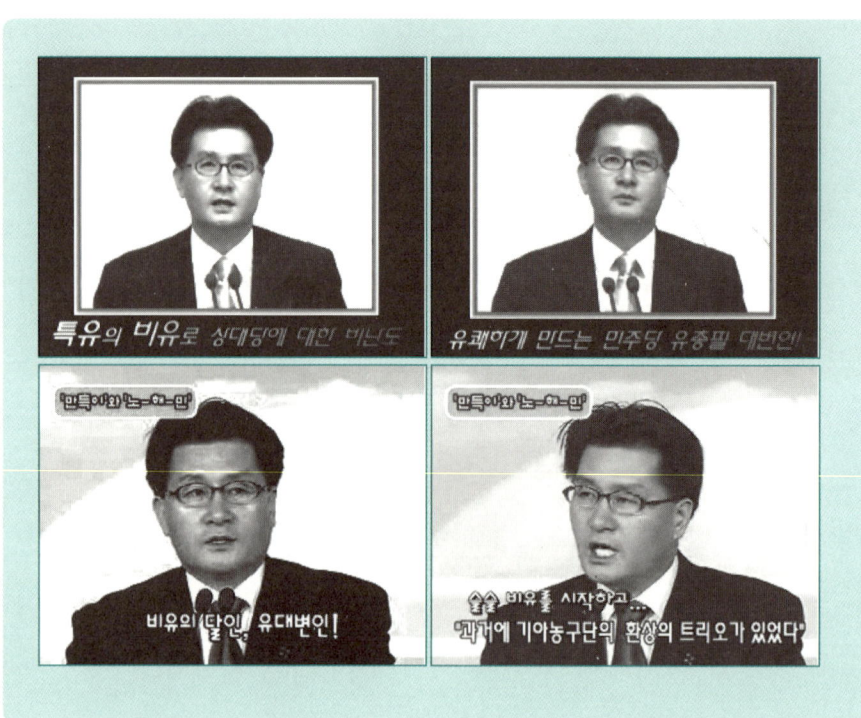

이것도 하나의 아이러니라고나 할까. 아무튼 이 일로 인해 대변
인의 효용성 내지 필요성은 더욱더 확실하게 입증된 셈이다. 대
변인 자체가 개혁의 대상이 아님은 말할 나위도 없다.

군사정부 시대 이후로 연속하여 세 분의 대통령이 야당 대변
인 출신이라는 사실도 대변인, 특히 야당 대변인의 주가상승을
웅변으로 말해준다. 김영삼은 두 차례(63, 65년), 김대중은 세 차
례(60, 65, 67년), 노무현은 한 차례(91년) 야당의 대변인으로 활
약했다. 정치라는 게 말로써 이뤄지고 야당은 말이 최대의 무기
이니까 말을 담당하는 대변인의 역할은 그만큼 중요하다.

대변(代辯)은 말 그대로 남의 말을 대신 하는 것이다. 그러나

남의 말을 단순히 대신 하는 수준에 그치면 앵무새가 될 뿐 그 것을 대변이라고 하지는 않을 것이다. 번역이 단순노동이 아니라 창작인 것과 마찬가지로 대변도 창조적 정치 행위이다.

대변인의 한마디가 정치의 큰 흐름을 바꾸는 경우도 있다. 이런 면에서 보면 중국에서 대변인을 '발언인(發言人)'이라고 칭하는 것이 더 적확한 표현이다.

나는 과거 정치부 기자도 해보고 지금은 대변을 하는 입장에서 대변인제의 폐해보다는 효용성이 훨씬 크다고 생각한다. 우선 수용자인 기자 입장에서 볼 때 어떤 정당의 입장을 가장 단순, 명쾌하게 알 수 있는 수단이 대변인의 말이다. 정당의 입장을 알기 쉽게 가공하는 일을 대변인이 한다면, 그것을 다시 가공하여 대중에게 전달하는 역할은 기자가 한다. 따라서 본변과 대중 사이에 대변인과 기자가 존재하는 것이다. 이렇게 보면 대변인과 기자는 공히 선의의 중간 매개자인 셈이다.

대변인제의 효용성을 높이기 위해서는 우선 대변인의 언어능력이 향상되어야 한다. 적확한 표현은 기본이고, 유머와 위트를 적절하게 구사하여 듣는 이들을 미소 짓게 만들면 금상첨화가 아닐까. 그러나 무엇보다도 중요한 것은 정직이다. 대변에 있어 진실과 팩트(fact; 사실)만큼 중요한 것은 없다.

얼굴에 분도 발라봤다

　　17대 총선 뒤 2004년 말 대변인으로 복귀했을 때의 막막한 심정은 머리말에서 언급한 바와 같다. 한동안 브리핑을 할 엄두가 나지 않았다. 그러던 중 해가 바뀌어 2005년 초 민주당 의원 입각 제의 사건이 터졌다. 이 사건을 계기로 국회 기자실을 찾아가 현안에 대한 브리핑을 본격적으로 시작했다. 노 대통령과 열린당에 대한 비판적 논평은 의외로 많은 관심을 끌었다. 기자들부터가 정부 여당의 실정에 염증을 내고 있는 상황에서 제1야당인 한나라당이 제대로 된 비판을 하지 못한 데 원인이 있었던 것 같다. 사안마다 국민의 입장에서 래디컬한(radical; 근본적인, 사물을 뿌리에서 보는) 시각으로 논평을 하려고 노력했다. 기자들의 폭발적 관심에 힘입어 거의 매일 브리핑을 했다. 폭발적으로 늘어난 인터넷 언론들이 특히 기사를 많이 써주어서 힘이 났다. 인터넷 언론의 기사는 포털사이트에 게재되어 전파되기 때문에 나름의 상당한 영향력을 갖고 있다.

어쩌다 기자실에 안 가면 기자들로부터 "왜 오늘은 브리핑을 안 하느냐?"는 항의 아닌 항의성 전화가 오기도 했다. 신문 잡지 방송의 인터뷰 요청이 줄을 이었다. 아무리 바빠도 한 번도 사양하지 않았다. 사회 이슈에 대해서는 자진해서 기고하고 논쟁에도 참여했다. 내가 할 수 있는 일이 말하는 것과 글 쓰는 것이므로 그것을 활용하여 민주당 재건의 벽돌 한 장이라도 놓겠다는 생각에서 분주하게 움직인 지난 2년이었다. 힘든 일도 많았지만 보람도 많았다. 무엇보다도 민주당이 점차 상승기류를 타갔다. 당이 잘 안 되어갈 때의 대변인은 죽을 맛이지만 잘 되어가는 당의 대변인은 고달파도 고달픈 줄 모른다. 나는 그런 면에서 행운아다.

한동안 MBC TV의 〈콕뉴스〉와 YTN의 〈돌발영상〉 MBN의 〈팝콘영상〉 등 재미있는 화제성 뉴스의 단골로 등장하는 영광을 누리기도 했다. 정치는 딱딱하고 특히 대변인 논평은 가시 돋친 경우가 많기 때문에 가급적 비유와 풍자, 유머를 풍부하게 구사하기 위해 노력했다. 쓴 약을 먹기 편하게 당의정을 입히는 것과 마찬가지로 내용은 딱딱해도 표현은 재미있게 해야 쉽게 먹힌다. 정치를 재미있게 만들어보고 싶었다. 이런 노력 덕에 언론으로부터 '비유의 달인'이라는 과분한 호칭까지 얻었다. 또한 민주당의 이데올로그(ideologue; 이론가)라는 평을 받기도 했다.

영화 007시리즈에 나오는 제임스 본드에게 '살인 면허'가 부여된 것처럼 대변인에게는 '촌철살인 면허'가 부여되어 있다. 그래서 흔히 대변인 평가 항목에 촌철살인(寸鐵殺人)이 포함된다. 한마디의 말로 사람을 죽이고 살리고 한다는 뜻이다. 짧은 말 속에 깊은 의미를 담아라, 즉 긴 말 하지 말라는 뜻이기도 하다. 행사장에서 나를 소개하는 문구에는 으레 '촌철살인의 대변인'이라는 말이 들어간다. 길거리에서 처음 보는 사람으로부터도 '촌철살인을 잘한다'는 말을 참 많이 들어보았다. 어느 사이 촌철살인이라는 말은 나를 상징하는 사자성어가 되어버렸다. 과분한 칭찬이지만, 그래도 들을 때마다 기분이 좋은 것도 숨길 수 없는 사실이다.

말의 정치

[문화일보(2003. 10)]

정치인이란 입으로 먹고 사는 직업이기 때문에 언변이 타고나야 한다. 특히 야당의 꽃이라고 불리는 야당 대변인의 입담이야말로 뛰어나야 한다. 당연히 명대변인이라는 평가를 들으려면 촌철살인의 언어 연금술에 능해야 한다. 상대방 진영을 향해 꽂아대는 비수에도 다시 느껴보고 싶은 향기와 운치, 깊은 맛, 재치가 있어야 한다. 그런데 정치가 갈수록 짜증스러워지면서 대변인의 말에도 여운이 사라지고 독설만 가득차 있다.

이런 상황에서 요즘 민주당 유종필 대변인의 입담은 재미있다. 그는 지난해 노무현 대통령의 공보특보였다가 노 대통령과의 불화로 측근의 대열에서 탈락하는 불운을 겪었다. 그랬다가 민주당의 입이 되어 돌아와 여권을 향해 그동안 마음 속에 품었던 화살들을 쏘아대고 있다. 독설에 불과하다면 노 대통령에 대한 보복으로만 느껴질 것이지만 거기에 해학과 재치가 곁들여 있어 논평으로서의 맛을 느끼게 한다. 그는 최도술 전 청와대비서관이 작년 대선 후 SK로부터 11억 원의 당선 축하금을 받은 사건이 터지자 "파도가 몰아치면 입을 다물고 있어도 짠물이 들어가는데 입을 벌리고 있었으니 얼마나 들어갔겠느냐?"고 했다. '파도', '짠물', '입' 등의 단어로 대통령 측근의 비리 문제를 설명하려는 발상이 뛰어나 보인다. 신당이 '열린우리당'으로 당명을 정하자, 한나라당에서는 약칭을 놓고 '열우당'이라고 했다. 별로 가슴에 파고들지 않는 어려운 비유다. 그런데 유 대변인은 당명의 취지가 한글 전용화를 통해 국민에게 가깝게 다가가려는데 있음을 간파하고 당(黨)에서 착안한 논평을 내놓았다.

"당까지 한글로 바꿔 '열린우리무리'라고 하라."

한나라당의 SK비자금 사건이 터지자 유 대변인은 한나라당과 우리당을 싸잡아 '부패공조'라고 잘라 말했다. 북한이 말하는 민족공조에서 착안한 조어다. 그는 신당의 대선자금 문제를 꼬집으며 "우리당(민주당)은 우리당(신당)이 가져간 우리당(민주당) 경리장부 일체 반환을 촉구했으나 우리당(신당)은 못들은 척하고 있다."고 했다. 정말 기발한 발상이다. 야당가에 모처럼 언어의 마술사가 나타난 것 같다. 더 많은 언어의 연금술사들이 나와야 한다. 재미있는 정치가 되어야 한다. 정치가 국민에게 그나마 웃을 수 있는 소재라도 준다면 지금보다야 덜 미움의 대상이 될 것이다.

〈윤창중 논설위원〉

이 모든 것은 민주당이 있기에 가능한 일이기 때문에 민주당과 당원 동지들, 지지자들에게 늘 감사하는 마음이다.

소수당의 대변인으로 애환도 많았다. 활짝 웃는 모습도 TV에 많이 나와 보았고 눈물 흘리는 모습이 노출되기도 했다. 다음은 2005년 9월 30일 신중식 의원의 입당으로 원내 3당으로 도약했을 때의 이야기이다.

17대 총선에서 겨우 9석의 국회의석을 얻은 제4당이었는데, 몇 달 전 최인기 의원의 입당에 이어 이 날 신 의원의 입당으로 민노당을 제치고 제3당으로 올라선 것이다. 나는 국회 기자실에서 브리핑을 시작하면서 너무 들뜬 나머지 다음과 같이 서두를 꺼냈다.

원내 3당이 된 후 첫 브리핑입니다. 그래서 머리도 신장개업하고 넥타이도 색동으로 매고 총선 이후 처음으로 얼굴에 분도 한 번 바르고 나왔습니다.

원내 제3당으로의 도약에 들뜬 유 대변인

"머리도 좀 자르고…"

"얼굴에 분도 발라봤다!"

많은 기자들이 웃음보를 터뜨리면서 축하의 눈길을 보내주었다. 이어서 다음과 같이 논평을 했다.

민주당은 신중식 의원의 입당으로 원내 3당, 기호 3번을 확보했다. 여야 1,2 당이 국민의 신뢰를 잃고 있는 현 상황에서 기호 3번으로 '제3의 물결'을 일으키겠다. 지난 1988년 13대 총선에서 평민당이 기호 3번을 달고 제1야당으로 도약한 것처럼 민주당은 10·26재선거와 내년 지방선거에서 '기호 3번의 돌풍'을 일으킬 각오이다.

신 의원의 민주당 입당은 오동잎 한 잎이 떨어진 것이다. 그러나 이 한 잎은 가을이 왔다는 것을 의미한다. 일엽지추(一葉知秋)라는 고사성어가 있다. '오동 잎 한 잎이 떨어지는 것을 보고 가을을 안다.'라는 뜻이다. 열린당의 여름은 가고 민주당의 가을, 민주당의 결실의 계절이 온다는 의미이다.

대개 정당의 대변인들이 TV 카메라 앞에 설 때는 얼굴에 분을 바르고 나온다. 나도 과거에 자주 그랬다. 조금이라도 예쁘게 보이고 싶은 것이 인지상정일 것이다. 개인 차원을 넘어서 당의 얼굴이기 때문에 더욱 그렇다. 나는 17대 총선 이후 얼굴에 분 바르는 일을 하지 않았다. 지아비를 잃은 아낙이 맨얼굴에 소복을 입는 것과 비슷한 심정이라고나 할까. 그런데 이 날은 총선 이후 처음으로 분을 바르는 등 나름대로 한껏 멋을 내고 나온 것이다. 이 장면을 MBC TV가 놓치지 않고 '분 바른 대변인'이란 타이틀로 재미있게 편집하여 방영했다. 마치 축하 방송이나 되는 것처럼.

돌이켜보면 2003년 9월 하순 민주당은 분당을 당했고, 그 순간부터 민주당을 지키고 살리기 위해 작은 힘이나마 안간힘을 써왔다고 자부하는 나로서는 당의 경사를 맞아 만감이 교차하는 가운데 얼굴에 분을 바르고 나왔고, 그것을 TV가 놓치지 않고 방영했다. 그러니 '분 바른 대변인'은 총선 이후 고단한 민주당의 온갖 애환이 서려 있는 말이다.

TV 카메라 앞에서 공개적으로 눈물을 흘린 적까지 있다. 참여러 가지 해 본 셈이다. 2005년 4월 1일 〈중앙일보〉의 '만우절 가상기사'가 문제였다. 민주당과 한나라당의 합당을 기정사실인 양 보도하면서 해설과 사진까지 곁들여 그럴싸하게 지면을 꾸몄다. 물론 실제상황이 아닌 만우절 가상기사였다. 기분 나쁘더라도 쓴웃음 한 번 짓고 넘어갈 수도 있는 문제였다. 그러나 상황이 그렇게 돌아가지 않았다. 당원들의 항의전화가 대변인실로 걸려오기 시작했다. 심상치 않았다. 보도에 큰 악의는 없었겠지만 당으로서는 예상보다 큰 피해를 입고 있었다. 국회 기자실로 달려가 〈중앙일보〉를 강한 톤으로 비판하고 지면을 통한 공개사과를 요구했다. 그리고 다음과 같이 마무리 했다.

〈촌철살인 논평〉

민주당은 50년의 역사와 정통성과 업적이 있는 정당이다. 군사독재에 반대하여 민주주의를 쟁취하였고, 관치경제에 반대하여 시장경제를 일으키고, 무력통일에 반대하여 평화통일정책을 정착시킨 정당이다.

민주당은 현실이 어렵다고 당의 기둥뿌리를 팔아 이익을 탐하는, 그런 류의 정당이 아니다. 비록 오늘이 어렵고 고달파도 자랑스러운 과거에 부끄럽지 않은 내일의 영광을 꿈꾸는 정당이다. 다시 한 번 국가와 민족을 위해 봉사할 기회를 얻기 위해 혼신의 힘을 다 하겠다는 각오를 밝힌다.

(2005.4.1)

이렇게 말하는 순간 나도 모르게 두 눈이 뜨거워지면서 눈물로 가득 찼다. 아무리 참으려 해도 흘러내리기 시작했고 말을 이어가기 힘들어졌다. 손수건을 꺼내 닦았으나 계속 흘러내렸다. 순간적으로 벌어진 일이었다. 참으로 민망했다. 그러나 이것도 민주당의 진실인 것은 분명하다. 신문과 TV가 '대변인의 눈물'이라는 타이틀로 보도하여 화제가 되었다.

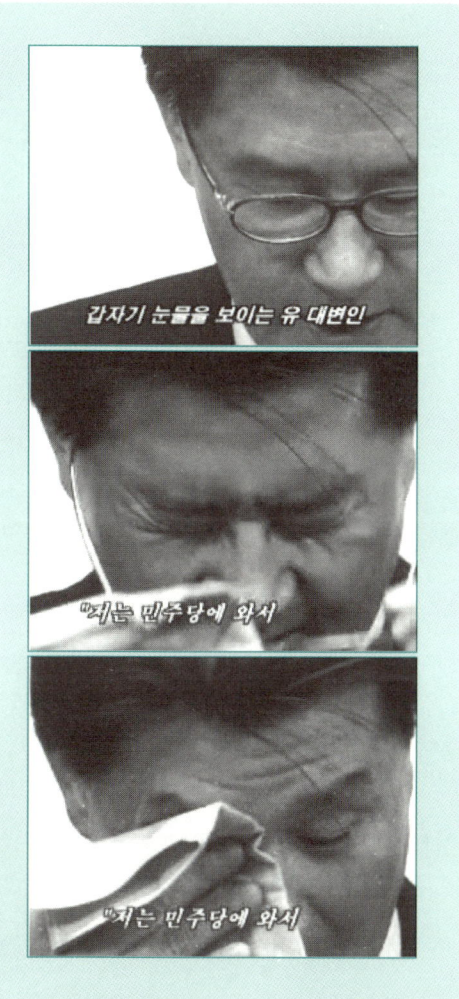

갑자기 눈물을 보이는 유 대변인

"저는 민주당에 와서

"저는 민주당에 와서

(서울＝연합뉴스) 민주당 유종필(柳鍾珌) 대변인이 1일 한 일간신문에 실린 만우절 가상기사에 억울함을 호소하면서 '정말로' 눈물을 쏟아내는 흔하지 않은 광경을 연출했다. 유 대변인의 눈물 해프닝은 중앙일보가 이날 만우절 가상기사로 '한나라－민주 전격 통합'이라는 제목에 '신당 대표엔 한화갑 의원'이라는 부제를 단 기사를 싣고 한나라당 박근혜(朴槿惠) 대표와 민주당 한화갑 대표가 웃으며 악수하는 사진까지 곁들였던게 발단.

이에 유 대변인은 국회 기자실에서 가진 회견을 통해 "만우절을 빙자한 무책임한 기사"라는 제목의 논평을 낭독하면서 중앙일보의 공식 사과를 요구했다.

유 대변인은 "이 논평은 만우절 논평이 아니라 실제상황"이라며 "민주당은 분당 세력과의 합당은 없다고 이미 전당대회에서 결의한 바 있고, 수구 세력과의 합당은 더욱더 상상할 수 없는 문제"라며 "군사독재의 후손인 수구 세력과의 합당 불가는 민주당의 '관습당헌'이나 마찬가지"라며 목소리를 높였다.

유 대변인은 또 "신문 입장에서는 웃자고 한 일인지는 몰라도 그로 인해 다른 사람이 상처를 입는 것도 생각하는게 책임있는 언론의 기본 자세"라며 "입장을 바꿔서 민주당이 만우절을 빙자해 '중앙일보가 다른 신문에 합병됐다'는 논평을 내면 기분이 좋겠느냐?"고 '역지사지'를 주문했다.

유 대변인은 "민주당은 신문의 상술의 노리갯감이 아니다."라며 "보도에 큰 악의가 게재돼 있다고 생각하지 않지만, 상처 입은 민주당과 지지자들의 자긍심은 어떻게 보상할지 묻고 싶다."고 말했다.

논평을 낭독한 뒤 유대변인은 "제가 민주당에 10년을 있었는데 어렵게 집권하고 정권을 재창출하면서 어려움을 겪어왔다."며 "우리가 잘못한 일도 있지만, 우리 힘으로 감당 못할 재앙도 거쳐 많이 어려운데 이런 일을 당하니 유쾌하지 않다."며 집권여당에서 군소정당으로 추락한 현실을 떠올린 듯 갑자기 눈물을 쏟아냈다.

민주당 유종필 대변인의 눈물

[세계일보(2005. 4. 2)]

"민주당이 이렇게 가볍게 취급된 데 대해 분노한다."

민주당 유종필 대변인이 1일 국회 기자실에서 한 언론사의 만우절 가상기사와 관련, 논평을 하던 중 눈물을 흘렸다. 유 대변인은 한 언론사가 만우절을 맞아 '한나라 · 민주 전격통합, 신당 대표엔 한화갑 의원'이란 내용의 가상기사를 실은 데 대해 "민주당은 신문 상술의 노리개가 아니다."라며 "군사독재의 후손인 수구 세력과 합당은 상상할 수 없고 이는 민주당 관습당헌"이라고 밝혔다.

유 대변인은 "무책임한 신문제작으로 인해 민주당과 지지자들이 상처를 입었다."며 "어려움을 극복하고 독자 노선으로 성공하겠다는 각오를 다진 지 얼마 되지 않았는데 이런 일이 생겼다."면서 눈물을 보였다. 유 대변인은 이어 "민주당은 현실이 어렵다고 당의 뿌리를 팔아 이익을 탐하는 정당이 아니다."며 "해당 언론사는 지면을 통해 공개 사과하라."고 촉구했다.

이제 웃음도 추억이 되었고 눈물도 추억이 되었다. 추억은 모두 아름답다고 했던가. 역시 그런가 보다.

왜 민주당의 정통성을 중심에 놓아야 하는가

대통령 선거의 해가 밝았다. 정계 개편 논의가 활발해지면서 백가쟁명식의 논리가 유포되고 있다. 언제, 어디로, 어떻게 흘러가는지 궁금하고 불안한 국면이다. 이런 소용돌이에 휩쓸리다 보면 가장 중요한 것을 간과하기 쉽다. 가장 중요한 것이란 무엇인가? 그것은 바로 정통성이다.

공자가 말한 '정자정야'(政者正也; 정치란 바른 것이다)에서 '정'(正)은 다름 아닌 정통성(正統性)과 정당성(正當性)을 말한다. 공자는 또 정명(正名)의 중요성을 강조했다. '필야정명호'(必也正名乎; 반드시 명분을 바로잡아야 한다), '정명'(正名)이란 명분을 올바로 세움을 말한다. 명분이 바르지 못하면 말이 이치에 맞지 않고, 말이 이치에 맞지 않으면 일이 이루어지지 않는다(名不正則言不順 言不順則事不成). 공자의 말을 종합하여 현대적으로 해석하면 다음과 같다.

'정치에서 가장 중요한 것은 정통성과 명분이다. 정통성과 명분이 제대로 서지 않으면 국민으로 부터 설득력을 얻을 수 없어서 일을 성공시킬 수 없다.'

민주개혁세력의 대통합을 말하면서 흔히 민주당과 열린우리당 모두 기득권을 포기해야 한다는 말을 많이 한다. 그러나 민주당의 정통성은 버려야 할 기득권이 아니다. 민주당에서 파생해나간 열린우리당과 민주 정통 세력의 본가인 민주당의 명분을 같은 반열에 놓고 기득권 포기 운운 하는 것은 이치에 맞지 않는다. 50년 정통성의 깃발과 실패한 깃발을 동렬에 놓는다는 것 자체가 어불성설이다.

지금은 민주개혁세력의 일대 위기다. 이는 노무현정권의 국정 파탄과 분당이 가장 큰 이유다. 이러한 위기는 단순 통합으로 극복될 수 없다. 원칙 없는 통합은 야합에 불과하여 국민을 설득할 수 없어 실패한다. 무엇보다도 중요한 것은 정통성을 바로 세우는 것이다. 이것이 정계 개편 논의의 핵심이 되어야 한다.

지금 시점에서 민주당의 핵심 가치는 '노무현정권 실정의 책임에서 자유로운 민주개혁세력'이라는 점이다. 이는 민주개혁세력 복원의 소중한 씨앗이다. 잘못된 씨앗은 잘못된 열매를 맺는다. 열린우리당의 실패도 근본적으로는 여기에 기인한다. 노정권과 열린우리당의 실정으로 인해 한나라당이 기승을 부리고 있는 지금의 상황에서 민주당이 명분상의 훼손 없이 온전하게 보존되어 있다는 사실은 참으로 다행스런 일이 아닐 수 없다.

그렇기 때문에 통합신당은 50년 민주당의 정통성을 씨앗으로 삼아야 한다. 이토록 소중한 씨앗을 기득권 차원으로 이해한다면 사실에 대한 왜곡일 뿐 아니라 잘못된 출발이 된다.

세력이나 국회의원의 숫자는 구름과 같은 것이다. 온 하늘을 뒤덮었다가 일순간에 날아가 버리는 것이 구름이다. 삼국지에서 조조가 백만대군을 이끌고 적벽으로 진군할 때 중국 천하는 조조의 천하인 것으로 의심의 여지가 없었다. 그러나 조조는 적벽대전에서 패퇴하여 자기 한 목숨만 구걸하다시피 해 도망가는 신세가 되었다. 그러나 또다시 세를 모아 아들 대에서 삼국통일을 이루었다. 이처럼 세력은 구름과 같이 오늘 있다가 내일 없어지고 내일 없다가 모레 모아지는 것이다. 변화무쌍한 것이 세력의 흥망성쇠이다.

MBC뉴스에 출연해 앵커와 대담 중인 유종필.

반면 정통성은 토지와 같은 것이다. 하루아침에 이루어질 수 없고 비바람이 몰아쳐도 변치 않는 것이 정통성이다. 중국 대륙의 수많은 왕조들이 명멸하는 과정에서 정통성을 생명처럼 사수하는 장면이 많은 것도 바로 이 때문이다.

지금 당장 총선을 실시한다면 현 국회의원들의 재선율이 얼마나 될지는 짐작이 간다. 민심의 뒷받침을 받지 못 하는 의석수, 민심을 견인할 능력이 없는 의석수는 별 가치가 없다. 지지도 역시 매우 가변적이다. 그렇기 때문에 정계 개편 국면에서 의석수나 지지도에 압도당하여 휩쓸리지 말고 정통성과 미래비전으로 승부해야 한다.

민주당은 해공 신익희—유석 조병옥—운석 장면—해암 박순천—금연 정일형—후광 김대중으로 이어지는 50년 정통성을 가진 유일한 정당이다. 민주당의 역사는 한국 민주주의의 역사이다. 민주주의와 시장경제, 남북평화통일 정책을 일관되게 추진하여 이 땅에 정착시킨 정당이다. 이런 정당의 정통성은 한 번 훼손되면 복구가 어렵다. 명분과 원칙은 한 번 저버리면 깨진 도자기를 붙이는 것처럼 원상회복이 안 된다. 이것은 고리타분한 말이 아니라 지극히 현실적인 이치다.

민주당이 한나라당에 맞설 유일 민주세력으로서의 존재 의의를 스스로 저버리는 우를 범해서는 안 된다. 만일 '알곡'으로서의 위상을 스스로 포기하여 다수의 '쭉정이'와 무원칙적으로 섞인다면 정통성의 중대 훼손 사태를 초래할 것이다. 만일 통합신당을 건설하면서 단순 산술과 눈앞의 이해관계에 함몰되어 정통성 수립을 소홀히 한다면 이는 장마 앞두고 모래성을 쌓는 것처럼 허사가 되고 말 것이다.

일각에서는 포용과 관용으로 모두가 함께 하는 대통합을 주장하고 있다. 그러나 분당 주동 세력과 친노직계 세력을 안고 가는 것은 폭탄을 안고 가는 것처럼 위험한 일이다. 국정 파탄으로 인해 국민의 지탄을 받는 세력과 함께 하는 것은 '노무현 정권의 실정의 책임에서 자유로운 민주개혁세력'이라는 민주당의 핵심 가치를 포기하는 것이다. 그들과 함께 하는 신당은 '도로 노무현당'이 되어 노정권 5년의 국정 실패에 대한 심판 대상이 되어 대선 대패는 물론 야당 노릇도 제대로 할 수 없게 될 것이다. 민주당의 경우 노정권의 피해자이면서 과오에 대한 심판만 받는 매우 억울한 처지가 되어버릴 것이다. 이는 어떤 경우에도 피해야 하는 가장 비참한 상황이다.

민주당의 강령과 정강정책은 특정 세력의 전유물이 아니다. 또한 1955년 창당부터 오늘날까지 어느 시대에 국한된 가치가 아니다. 사람 중심 창당의 위험성은 열린우리당이 분명하게 보여주었다. 노무현 대통령이라는 특정인(권력) 중심의 신당이 그 특정인의 행보에 따라 얼마나 오락가락 하는 결과를 가져왔는지 온 국민이 잘 보고 있다.

다시 강조하건대 통합에 있어서 가장 중요한 것은 어떤 깃발과 어떤 정통성을 중심에 놓을 지의 문제이다. 재론의 여지없이 민주당 50년의 정통성을 중심으로 하는 통합이 이루어져야 한다. 열린우리당 3년은 대한민국의 정통성을 부인하는 듯한 역사

인식과 전통적 동맹 관계의 훼손, 자유민주주의의 기본질서에 위배되는 각종 정책 등 얼치기 좌파성향을 다분히 보여 왔다. 노무현정권의 국정 실패는 이런 잘못된 기조에서 비롯되었다. 이런 얼치기 좌파성향은 국제 추세에 역행할 뿐 아니라 민주당의 강령에도 어긋난다. 열린우리당의 이런 과오는 철저하게 배제되어야 한다.

이런 연후에 고건 전 총리 세력과 열린우리당의 일부 인사, 각계의 신진사대부를 포함한 전국적인 중도개혁세력을 총결집하여 보수 세력인 한나라당과 선의의 경쟁을 하는 것이 한국 정치의 발전에도 도움이 될 것이다. 민주당의 정통성을 중심에 놓는 중도 개혁주의 깃발만이 국민통합과 안정적 경제발전을 이룩할 수 있는 정치 이념이라는 것을 다시 한 번 강조한다.

부록

〈코리아 타임즈〉가 만난
유종필

〈KOREA TIMES〉

Former Roh Defender Rebuilds Rival DP

By Lee Jin-woo Staff Reporter

Yoo Jong-pil, spokesman of the minor opposition Democratic Party(DP), is known for his witty, sometimes sarcastic, remarks and his sense of humor in the harsh battlefield of Korean politics.

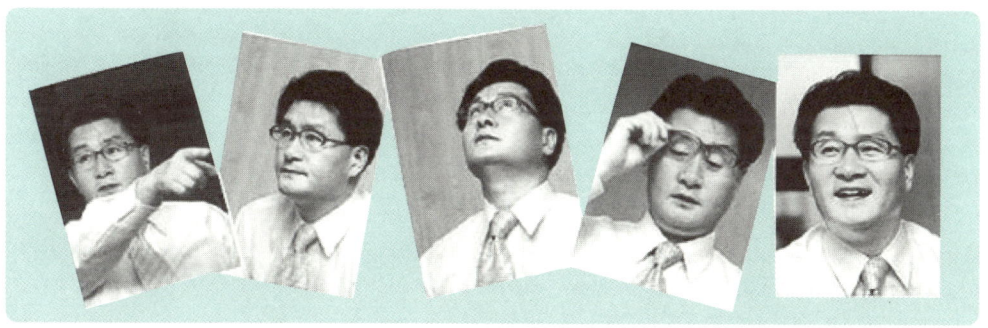

Yoo Jong-pil, spokesman of the Democratic Party

Asked to give an example of one of his recent quips, he chose the one he made on the ideological dispute between the ruling Uri Party and the largest opposition Grand National Party (GNP) over a sociology professor's pro-North Korean remarks.

"If the GNP had accepted President Roh Moo-hyun's proposal to form a coalition government and started to live together under the same roof, I wonder what would have happened," Yoo told reporters amid fierce verbal battles between the two parties. "The coalition would have been easily broken up over the ideological issue and it would have been called a 'divorced government,' becoming the laughing stock of the world."

On Aug. 17, when Roh continued to renew his determination to form a coalition government with opposition parties, which greatly perplexed not only opposition party members but also officials of the governing party, Yoo made another one of his signature comments.

"President Roh is like a soccer player who plays with a rugby ball instead of a soccer ball," he said while making fun of the self-righteous decision-making style of the president. "Roh dribbles the ball down the field by himself. His teammates, 'the governing party,' just watch the president move in awe. Then, when he is halted by the opposition, he just kicks the rugby ball in some random direction."

Yoo stressed the importance of having a good sense of humor as a politician, especially as a spokesman.

"Some people stop me on the street and tell me that what I said was quite amusing to them," Yoo said in an interview with

The Korea Times. "I believe language is a very important tool in politics and I always try to add my sense of humor so that I can deliver my message effectively without hurting the feelings of others."

End of the road : Yoo Jong-pil, right, now spokesman of the Democratic Party, shakes hands with then President-elect Roh Moo-hyun during a ceremony held at the head office of the Millennium Democratic Party(MDP), predecessor of the DP, in Seoul on Jan. 3, 2003. Yoo recalls it was the first and last encounter with Roh-to whom he had dedicated two years as a spokesman-after Roh won the presidential election in December 2002. /Courtesy of Yoo Jong-pil.

Struggles to revive the DP

Despite his witty comments on Korean politics, Yoo and his party have been struggling to recover from the dire situation resulting from Roh's defection from the Millennium Democratic Party(MDP), the predecessor of the DP, with his supporters in September 2003.

The MDP was also hit hard by the consequences of its failed attempt to impeach the president, which greatly affected the results of last year's National Assembly elections.

Fortunately, with Rep. Shin Jung-sik bolting from the ruling party last month in protest of Roh's coalition proposal, the DP now has 11 seats in the 299-member Assembly, becoming the third largest parliamentary group.

Although Yoo played a key role in helping Roh survive

tough times in the presidential election campaign as Roh's spokesman, often being called by the president as "a treasure," the hardships Yoo faced since December 2002 never ceased. The relationship between Roh and his former spokesman turned sour immediately after the election, Yoo said.

"Let's say Roh is a weird man. And I'm weird, too; we didn't even meet or talk on the phone since the end of the election campaign," Yoo said. "Immediately after the election was over, I had a hunch that Roh would betray the MDP and defect from the party, which helped him become president."

Political analysts say it would have been impossible for Roh, with a political background in Pusan, to win confidence from senior members of the MDP, whose political stronghold was the Cholla provinces, due to the regional antagonism predominant in Korean politics without Yoo's continuous efforts to persuade ranking MDP members, close aides of former President Kim Dae-jung, to accept Roh.

Yoo has continuously urged Roh to pay back some 4.3 billion won($4.3 mil.), which has been left as a debt to the MDP after the 2002 presidential election, but there hasn't been an official response from Chong Wa Dae.

Like a jet fighter who needs a long runway

Contrary to the public's conception of Yoo as a legislator, he has spent the past 10 years as a spokesman.

After being sent off by Roh, he lost the parliamentary election last April, which was greatly influenced by the impeachment turmoil, in a Seoul district to now Prime Minister Lee Hae-chan of the governing party.

Yoo, former reporter of the Hankook Ilbo, sister paper of The Korea Times, and Hankyoreh, a progressive vernacular daily, for some 10 years, has not been successful in building up his own wealth. Despite his hectic schedule of frequent phone calls from reporters, he has been working for the DP without an official salary.

He said, however, he does not regret the 10 years he spent as a politician, believing his comments have influenced Korean politics.

"I'd like to compare myself to a fighter pilot, who is required to dedicate a tremendous amount of time to studies. Other legislators, however, were elected too quickly after they got involved in politics. I think many of them are like helicopter pilots, who cannot fly as high. I believe I will be able to fly high and far in the future."

〈korea Times(2005. 10. 24)〉

과거 '노무현 지킴이'가 민주당을 재건한다

소수 야당 민주당의 유종필 대변인은 한국 정치계의 살벌한 전쟁터에서 위트 있고 때로는 풍자적인 논평과 유머 감각으로 유명하다.

최근의 재치 있는 말을 예로 들어달라고 하자 그는 한 사회학 교수의 친북 발언을 둘러싼 열린우리당과 한나라당 사이의 이념논쟁에 대한 자신의 논평을 들었다.

"만일 한나라당이 노무현 대통령의 대연정 제안을 받아들여 동거 정부가 구성되었다면 지금 무슨 일이 벌어질까 궁금하다. 이념논쟁 하나만 가지고도 대연정이 깨지고 동거 정부는 이혼 정부가 되어 세계적인 웃음거리가 되었을 것이다." 여야 두 정당 간의 날카로운 말싸움의 한복판에 있던 기자들에게 유 대변인은 이렇게 말했다.

지난 8월 17일 노 대통령이 또다시 대연정 제안을 들고 나와 야당 뿐 아니라 여당 지도부까지 곤혹스러워 할 때 그는 또 하나의 재치 있는 논평을 내놓았다.

"노 대통령은 럭비공으로 축구를 하는 것 같다."

유 대변인은 독선적 결정을 내리는 스타일의 대통령을 가지고 놀듯이 말을 이어갔다.

"노 대통령은 혼자서 공을 몰고 간다. 집권당의 동료 선수들은 넋을 놓고 바라만 볼 뿐 같이 뛸 수도 없다. 노 대통령은 상대팀의 저지에 막히면 럭비공을 아무 방향으로나 차버린다."

유 대변인은 정치인 특히 대변인에게 있어서 유머 감각의 중요성에 대해 강조했다. 그는 코리아타임스와의 인터뷰에서 다음과 같이 말했다.

"어떤 사람들은 길거리에서 나를 붙잡고 나의 말이 자기들을 정말 즐겁게 해준다고 말한다. 나는 정치에서 언어가 대단히 중요한 도구라고 믿는다. 나는 나의 메시지가 다른 사람의 감정을 다치지 않고 효과적으로 전달될 수 있도록 유머감각을 발달시키기 위해 항상 노력하고 있다."

민주당 부활을 위한 고군분투

한국 정치에 대한 그의 재치 있는 논평에도 불구하고 유 대변인과 그의 정당 민주당은 지난 2003년 9월 노 대통령의 탈당으로 인한 처참한 상황으로부터 회생하기 위해 고군분투하고 있다.

민주당은 또 대통령 탄핵 실패로 인해 커다란 타격을 받았고 그것은 지난해 총선 결과에 큰 영향을 미쳤다.

다행스럽게 지난 달 노 대통령의 대연정 제안에 항의하여 여당을 탈당한 신중식 의원의 입당으로 민주당은 현재 11석으로 원내 3당이 되었다.

유 대변인은 노 대통령으로부터 '보물' 이라고 불리며 그의 대변인으로 핵심 역할을 함으로써 노 대통령이 험난했던 시절을 무사히 견뎌내 살아남는 데 기여했음에도 불구하고 2002년 12

월부터 직면해온 그의 시련과 역경은 아직 끝나지 않았다. 노 대통령과 그의 전 대변인의 관계는 대선 직후부터 엇갈렸다고 유 대변인은 말했다.

"노 대통령도 이상한 사람이고 나 또한 이상한 사람이다. 우리는 대선 이후 만나거나 전화통화도 하지 않았다. 대선 직후 나는 노 대통령이 자신을 대통령 만들어준 민주당을 배신할 거라는 어떤 예감을 가졌다."

정치 분석가들은 유 대변인이 김대중 전 대통령의 측근들인 민주당 주요 인사들로 하여금 노 대통령을 인정하도록 설득해내지 않았다면 지역구도가 지배하는 한국의 정치 풍토에서 부산을 배경으로 한 노 대통령이 전라도 중심의 민주당 중진인사들의 신뢰를 받아내는 것이 불가능했을 것이라고 말한다.

유 대변인은 노 대통령에게 대선 빚 43억 원을 변제하라고 끊임없이 요구하고 있으나 청와대로부터 어떤 공식 반응도 없다.

긴 활주로가 필요한 전투기처럼

많은 사람들이 유 대변인을 국회의원으로 생각하지만 사실 그는 국회의원이 아니고 지난 10년을 대변인(또는 부대변인)으로 보냈다.

노 대통령과 결별한 뒤 그는 지난해 4월 총선에 출마했으나 탄핵 소용돌이의 영향을 크게 받아 실패했다.

〈한국일보〉와 진보적 일간지 〈한겨레신문〉의 기자로 10년 간 일한 그는 자기 자신의 부를 쌓지 못했다. 기자들로부터 빈번하게 걸려오는 전화를 받는 것도 힘들 정도로 몹시 바쁜 일정을 소화시킴에도 불구하고 그는 공식 월급도 없이 민주당을 위해 일해 왔다.

하지만 자신의 논평이 한국 정치에 영향력을 가지고 있다고 믿고 있는 유 대변인은 정치권에서 보낸 지난 10여 년에 대해 후회하지 않는다고 말했다.

"비유하자면, 나는 긴 활주로를 달려야 날아오를 수 있는 전투기라고 생각한다. 국회의원 가운데는 정치권에 오자마자 쉽게 의원이 되는 경우가 많다. 그들의 상당수는 헬리콥터처럼 바로 뜨고 높이 날지 못한다. 나는 장차 높고 멀리 날아오를 수 있을 것으로 확신한다."

〈코리아 타임즈(2005. 10.24)〉